AMERIKA HAT ENTSCHIEDEN
Wirklicher Popularität im Lande erfreut sich keiner der beiden Kandidaten, die sich am 8. November der Wahl zum Nachfolger von US-Präsident Barack Obama stellen. Hillary Clinton von den Demokraten schleppt als politischen Ballast mit sich herum, seit 30 Jahren dem bei weiten Teilen der Bevölkerung suspekten Polit-Establishment anzugehören. Der egozentrische wie polarisierende Milliardär Donald Trump, von den Republikanern ins Rennen ums Weiße Haus geschickt, verwandelt den monatelangen Wahlkampf in eine demokratieunwürdige Schlammschlacht gegenüber Minderheiten und Frauen. Trotzdem stimmt die Mehrheit der Wähler für ihn als 45. Präsidenten der USA

THE LAST STATE DINNER
Zum 13. und letzten Mal im Rahmen seiner achtjährigen, am 1. Januar 2017 endenden Amtszeit gibt Barack Obama als 44. und erster afroamerikanischer Präsident der USA am 18. Oktober ein Staatsbankett, diesmal zu Ehren des italienischen Premierministers Matteo Renzi und dessen Gemahlin Agnese Landini. Doch ungekrönter Glamour-Star des Abends ist Michelle Obama als First Lady in einer rosagold glänzenden Metallplättchen-Kreation von Donatella Versace.

DAS JAHR IM BILD
2016

ullstein

EXTRAVAGANZ
Schrille Bühnen-Outfits sind das Markenzeichen der jamaikanischen Sängerin und Schauspielerin Grace Jones, so auch bei ihrem Auftritt im Rahmen des libanesischen »Byblos International Festival« am 24. Juli.

DAS JAHR IM BILD
wurde am 31. Oktober 2016 redaktionell abgeschlossen. Die Monate November und Dezember 2016 erfasst das nächste Jahrbuch.
DAS JAHR IM BILD erscheint seit 1959.
Dies ist der 58. Band der Reihe.

Ullstein Buchverlage GmbH
Friedrichstraße 126
10117 Berlin

FSC www.fsc.org
MIX
Papier aus verantwortungsvollen Quellen
FSC® C043106

ISBN 978-3-550-08135-4

Herausgeber und Projektleitung: Dr. Jürgen W. Mueller
Gestaltung und Layout: Buchholz Graphiker, Norderstedt
Titelabbildungen und Fotos im Innenteil: dpa Picture-Alliance GmbH, Frankfurt am Main
Produktionsmanagement und Koordination: Constance Stifft
Litho: ReproTechnik Fromme, Hamburg
Druck und Bindung: Grafisches Centrum Cuno, Calbe
Printed in Germany

INHALT

KAISER'S
WIRTSCHAFT

POLITIK

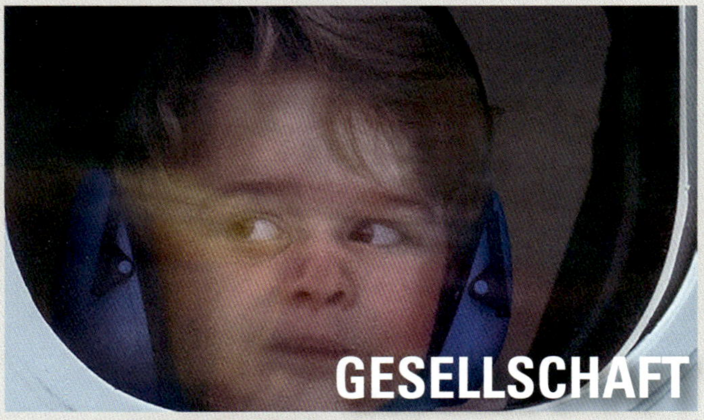
GESELLSCHAFT

UMWELT

KULTUR

SPORT

SOMMERANFANG
In diesem von (Un-)Wetterkapriolen geprägten Jahr zeigt sich der Himmel zumindest am 20. Juni in Brandenburg von seiner schönsten Seite. Mohn- und Kornblumen leuchten im Schein der untergehenden Sonne an einem Feldrand bei Petersdorf im Landkreis Oder-Spree.

VORWORT

Liebe Leserinnen und Leser,

blicken wir durch das Zeitfenster unserer Erinnerung auf die vergangenen zwölf Monate zurück, dann wird die gesamte Themenlandschaft fast durchgängig von den Kriegs- und Terrorgräueln militanter Islamisten dominiert, und die Schauplätze sind längst nicht mehr nur Syrien, Irak, Jemen, Afghanistan oder der Sudan. Das Horrorgeschehen islamistischen Machtwahns hat mittlerweile längst auch Europa erreicht, man braucht dabei nur an die mörderischen Attentate von Paris im November 2015 oder Nizza im Juli 2016 zu denken. Doch auch Deutschland bleibt nicht von Untaten religiöser Fanatiker verschont, wovon die blutigen Anschläge von Ansbach und Würzburg im Juli zeugen.

Eigentliches Opfer der innermuslimischen Machtkämpfe in Nahost zwischen Sunniten und Schiiten, zwischen Regierungsdespoten und Rebellen ist jedoch die Zivilbevölkerung in den betroffenen Regionen. Männer, Frauen, Kinder, die um ihr Leben in gnadenlosen Bürgerkriegen bangen müssen, suchen in ihrer Verzweiflung irgendwo anderweitig Zuflucht. Die Zahl der Flüchtlinge, die Deutschland nach Schließung der sogenannten Balkanroute erreichen, ist zwar drastisch zurückgegangen, doch die generelle Problematik bleibt bestehen. Die neue Ausweichroute in Richtung Europa über das Mittelmeer gleicht einer Überlebenslotterie: »2016 wird das tödlichste Jahr im Mittelmeer«, konstatiert das UN-Flüchtlingshilfswerk UNHCR. Mitte Juli bleibt der italienischen Marine nur, 675 Leichen aus dem Wrack eines gesunkenen, maroden Flüchtlingsschiffes zu bergen; Ende August muss die italienische Küstenwache an einem einzigen Tag 6 500 Menschen, unterwegs in heillos überladenen, untauglichen Schlauchbooten, aus Seenot und vor dem Ertrinken retten.

Womit wir in den Niederungen gesamteuropäischer Politik gelandet sind. Die Nicht-Netto-EU-Beitragszahler-Staaten wie Ungarn, Polen oder Tschechien, die wie bei einem Sportverein nur einen geringen Jahresbeitrag an Brüssel entrichten, dafür aber ein Vielfaches in Milliardenhöhe an Subventionen von dort bekommen, verweigern sich der gemeinschaftlichen EU-Aufgabe, auch in ihren Ländern grundsätzlich Flüchtlinge aufzunehmen. Dass ansonsten deren zunehmend stärker nationalistisch ausgerichtete Regierungen vermehrt dazu übergehen, demokratisch-rechtsstaatliche Grundwerte wie Unabhängigkeit der Justiz oder Pressefreiheit auszuhebeln, passt in das wenig europäische Bild, das diese Politiker von sich abgeben.

Tendenzen, die auch in der Türkei nach dem gescheiterten Militärputsch vom Juli massiv feststellbar sind, wobei Präsident Erdoğan das Land seitdem mit einer gigantischen »Säuberungswelle« gegenüber all jenen überzieht, die nicht zu seinen Anhängern gehören.

Überhaupt: Wie es mit Europa nach Großbritanniens Brexit-Entscheidung im Juni und dem noch ausstehenden tatsächlichen EU-Austrittsvollzug weitergehen wird, bleibt eine Frage, die erst die Zukunft beantworten wird.

Und was ist mit Deutschland? Wirtschaftlich sind und bleiben wir in Zusammenhang mit einer hohen Beschäftigungsquote sehr gut aufgestellt, wobei allerdings zwei relevante Großunternehmen Milliarden teure internationale Rechtsprobleme haben: der Autobauer VW wegen betrügerischer Mauscheleien mit Diesel-Abgaswerten; die Deutsche Bank wegen einer Unzahl nicht minder dubioser Geldgeschäfte.

Innenpolitisch wurde die Wahrnehmung des Regierungshandelns der Großen Koalition vornehmlich geprägt von den permanenten Nickligkeiten der bayerischen CSU gegenüber der Schwesterpartei CDU und Bundeskanzlerin Merkel im Besonderen.

Absolute Highlights in der großen weiten Welt des Sports hätten die Fußball-Europameisterschaft in Frankreich und die Olympischen Spiele in Rio werden können, doch die beiden Mega-Ereignisse vermochten die in sie gesteckten Erwartungen nur bedingt zu erfüllen. Das im Juni/Juli stattfindende, aus kommerziellen Gründen von 16 auf 24 Teilnehmer aufgeblähte Fußballturnier litt unter dem dadurch in der Vorrunde notwendig gewordenen mäßig attraktiven Austragungsmodus, Olympia überschattete latent die Doping-Diskussion und das damit verbundene Verhalten der IOC-Funktionäre. Trotzdem haben wir bewusst für Sie in jeweils eigenen Specials beeindruckende Sportimpressionen von diesen beiden Ereignissen zusammengefasst. Und um nachvollziehen zu können, warum den Paralympics in Brasilien gelang, was Olympia verwehrt blieb, nämlich die Herzen der Zuschauer zu gewinnen, haben wir den Nachsatz mit einem Bilderbogen des nur mit Bewunderung zu würdigenden Behindertensports versehen.

Naturgemäß ist es ein Ding der Unmöglichkeit, mit diesen wenigen Streiflicht-Anmerkungen die ganze Themenvielfalt widerzuspiegeln, die Ihnen dieses Jahrbuch Monat für Monat per Text und ausgewählten Bildern der weltweit besten Fotojournalisten bietet.

Und daher wünscht Ihnen viel Spaß beim Blättern, Schauen, Entdecken und Lesen

Jürgen W. Mueller

MENSCHLICHE KUNSTWERKE
Die Bodypainting-Künstlerin Nadja Hluchovsky verpasst ihrem Model am 3. Juli beim World Bodypainting Festival im österreichischen Pörtschach den allerletzten Feinschliff.

ÜBERFLIEGER
Die Piloten Matthias Dolderer (weiße Maschine) und Martin Šonka, unterwegs auf einem Transferflug im Rahmen der Red Bull Air Race Series nach Las Vegas, drehen am 12. Oktober 2016 eine Ehrenrunde über dem »Horseshoe Bend«, einem hufeisenförmigen Mäander des Colorado Rivers in Arizona.

NOVEMBER

LUX LUCET IN TENEBRIS

Licht leuchtet in der Finsternis: Pünktlich zum 1. Advent brennt am 29. November in der hessischen Kleinstadt Schlitz die mit 42 Metern Höhe wohl größte Weihnachtskerze der Welt. Sie besteht aus dem in rotes Tuch gehüllten Bergfried der Hinterburg mit einer sechs Meter hohen Flamme aus 140 Lichtkörpern an dessen Spitze.

NOVEMBER 2015

NEUER HÖCHSTSTAND DER FLÜCHTLINGSWELLE
Der Zustrom von in Europa Schutzsuchenden aus dem Bürgerkriegsland Syrien und den weiteren Nahost-Krisengebieten Irak, Libyen nebst Afghanistan erreicht neue Rekordwerte. Die Bundespolizei registriert für den Monat November 180 000 Neuankömmlinge. Über die sogenannte Balkanroute versuchen die Menschen via Türkei mit ausbeuterischer Unterstützung von Schlepperbanden in überladenen Schlauchbooten griechisches Inselterritorium zu erreichen, um sich von dort über Mazedonien, Serbien, Ungarn einen Weg nach Österreich und Deutschland zu suchen. Die Aufnahme links vom 3. November zeigt den »Schwimmwestenfriedhof« an einer Flüchtlings-Ankunftsstelle

auf der griechischen Insel Lesbos. Am 19. November beginnt das Transitland Mazedonien seine Grenzübergänge zu Griechenland abzuschotten, um den unkontrollierten Massenandrang der Asylsuchenden Richtung Norden einzudämmen. Endlose Warteschlangen der Hoffnung bilden sich wie in Gevgelija, wo am 20. November eine Mutter mit Kind mit ihrer amtlichen Bescheinigung wedelnd um Durchlass fleht (Foto rechts). All jenen, denen es zuvor noch gelang durchzukommen, macht zusätzlich der einsetzende Wintereinbruch zu schaffen. Auf dem Foto unten vom 21. November ist der traurige Anblick einer Gruppe zu sehen, die bei Schneeschauern in der deutsch-österreichischen Grenzregion nahe Wegscheid dahintrottet.

NOVEMBER 2015

INTELLEKTUELLER POLITSOLITÄR DER SOZIALDEMOKRATIE
»Schmidt-Schnauze«, das war der ehrenvolle Spitzname des rhetorisch begnadeten wie scharfsinnigen SPD-Politikers Helmut Schmidt. Der gebürtige Hamburger (*1918) trat gleich nach Kriegsende der SPD bei; als Senator der Hansestadt erlangte er während der Sturmflut von 1962 als effektiver Krisenmanager bundesweite Popularität. Ab1966/67 bekleidete er das Amt des Fraktionsvorsitzenden seiner Partei im Bundestag, ehe er von 1969 bis 1972 Verteidigungsminister und danach Finanzminister der Regierung Brandt war, bevor er am 16. Mai 1974 nach dem Rücktritt Willy Brandts zum fünften Bundeskanzler der Bundesrepublik gewählt wurde. Acht Jahre später beendete am 1. Oktober 1982 ein konstruktives Misstrauensvotum von CDU/CSU und FDP zu Gunsten von Helmut Kohl (CDU) als Nachfolger seine Amtszeit. Von 1983 bis zu seinem Tod im Alter von 96 Jahren am 10. November 2015 in Hamburg fungierte Helmut Schmidt als Mitherausgeber der Wochenzeitschrift »Die Zeit«. Das Foto (links oben) zeigt den Altkanzler beim Bundeskongress der SPD am 4. Dezember 2011 in Berlin bei der Entgegennahme des überwältigenden Beifalls für seine Rede.

PATRIOTISCH-NOSTALGISCHE GEDENKPARADE
Zur Feier der kommunistischen Oktoberrevolution 1917 und zur moralischen Aufrüstung ließ der sowjetische Diktator Josef Stalin am 7. November 1941 über 28 000 seiner Soldaten in Moskau auf dem Roten Platz in Moskau paradieren, bevor es dann für seine Truppen weiterging in die Schlacht um Moskau gegen die angreifende deutsche Wehrmacht. An gleicher Stelle führen nun am 7. November 2015 zur Erinnerung an das für Russland historisch bedeutsame Ereignis von vor 74 Jahren Soldaten in einstigen Uniformen ehemaliges Kriegsgerät vor (Foto links).

»OPERATION FLUTWELLE II«
Unter dieser symbolträchtigen Bezeichnung – die »Operation Tidal Wave« der Luftangriffe der amerikanischen Air Force hatte im Zweiten Weltkrieg den durch das Deutsche Reich auf rumänischem Gebiet kontrollierten Ölförderanlagen gegolten – verstärken die USA zu Beginn des Monats November ihre Bemühungen, im Irak und Syrien die von der Terrormiliz Islamischer Staat vereinnahmten Ölfelder und Raffinerien durch Bombardierungen »außer Betrieb zu nehmen«, die eine Haupteinnahme-Geldquelle der Dschihadisten bilden. (Das Foto zeigt eine derartige Anlage 250 Kilometer nördlich von Bagdad.)

NOVEMBER 2015

ISLAMISTISCHER TERRORWAHNSINN IN PARIS

Freitag, 13. November: Im Stade de France verfolgen Frankreichs Präsident Hollande und der deutsche Außenminister Frank-Walter Steinmeier auf der Ehrentribüne das Fußballländerspiel Frankreich – Deutschland, als es gegen 21 Uhr zu drei Sprengstoffdetonationen und vier Toten vor dem Stadion kommt, die Teil einer koordinierten Anschlagserie von Terrorkommandos des Islamischen Staats an sechs Orten in Paris sind. François Hollande eilt sofort in die Sicherheitsüberwachungszentrale des Stadions (Foto unten). Zeitgleich erfolgen Angriffe der Attentäter mit Schnellfeuerwaffen auf die Besucher diverser Cafés und Restaurants, die Dutzende das Leben kosten. Auf der Terrasse des »Le Petit Cambodge« sterben allein 14 Menschen, das Foto rechte Seite oben zeigt zwei unter höchster Anspannung auf das Lokal vorrückende Sicherheitskräfte. Im Musiktempel »Bataclan« im XI Arrondissement nehmen die mit Maschinengewehren um sich schießenden Terroristen bei einem Popkonzert zahlreiche der 1500 Besucher als Geiseln, drei der vier Attentäter zünden ihre Sprengstoffgürtel, als Polizeisondereinheiten um Mitternacht den Bau stürmen. Mindestens 80 Tote gibt es zu beklagen. Das Foto rechte Seite unten zeigt die Bergung von Verletzten dieses Massakers. Dessen Schreckensbilanz insgesamt: 132 Tote, 352 Verletzte, davon 97 schwer.

NOVEMBER 2015

ÖKUMENISCHE MARTINSFEIER
Die Laternen Tausender von Kindern verwandeln am 10. November den Domplatz in Erfurt in ein Lichtermeer. Die evangelischen Christen feiern an diesem Tag den Geburtstag des Reformators Martin Luther, der in Erfurt studierte. Für die katholischen Gläubigen zentral ist der Heilige Martin, der der Überlieferung nach als Bischof von Tours im vierten Jahrhundert seinen Mantel mit einem Bettler geteilt haben soll (Foto oben).

EISKANAL-UNGEHEUER
Beim Auftakt zum Skeleton World Cup 2015/16 im sächsischen Altenberg am 27. November liefert die für die Schweiz startende gebürtige Kanadierin Micaela Widmer ein sehenswertes Debüt in dieser acht Stationen umfassenden Rennserie, auch wenn es am Ende nur zu Rang 17 reichte (Foto rechts).

»DU BIST DIE KUNST«
Unter diesem Motto lädt vom 28. November an eine ungewöhnliche Ausstellung im sächsischen Renaissanceschloss Augustusburg Besucher ein, interaktiv Teil betretbarer oder berührbarer 3D-Mitmach-Bilder aus China zu werden. Mit der eigenen Kamera festgehalten, ergeben die entsprechenden Illusionen Erinnerungsfotos mit einer verblüffenden Anmutung (Foto links oben und unten).

NOVEMBER 2015

1

GEFLÜGELTE ENGELSWESEN MIT EINEM HAUCH VON NICHTS

Es ist ein Mega-Event der Modebranche und eine Art verkappter olympischer Starter-Wettbewerb der weltweit gefragtesten Supermodels, wenn das Wäschelabel *Victoria`s Secret* einmal alljährlich seine neuesten Dessous-Kreationen präsentiert. Am 10. November war es in New York zum 20. Mal wieder so weit. Bei der bombastischen Glitzer-Show im Beisein von viel Prominenz gab es unter anderem zu bewundern:
Gigi Hadid (1), Alessandra Ambrosio (2), Maria Borges (3), Lily Donaldson (4), Martha Hunt (5), Lily Aldridge (6) und Behati Prinsloo (7).

2

3

4

5

6

7

NOVEMBER 2015

VERHEERENDE SCHLAMMLAWINE IN BRASILIEN
Am 5. November brechen im Süden des brasilianischen Bundesstaates Minas Gerais zwei Dämme des Rückhaltebeckens eines Eisenerzbergwerks. Eine riesige giftige Schlammwelle, 62 Millionen Kubikmeter eines Gemisches aus Arsen, Blei, Kupfer und Quecksilber, ergießt sich über das Örtchen Bento Rodrigues (Foto links), tötet 17 Bewohner und wälzt sich weiter in den Rio Doce, dessen Flusslauf sie auf über 500 Kilometer kontaminiert. Es ist die bislang größte Umweltkatastrophe in der Geschichte des Landes.

SELTENES NATURSCHAUSPIEL
Die Atacamawüste im Norden Chiles gilt als eine der trockensten Regionen der Welt, doch nach starken, vom Wetterphänomen El Niño im Oktober ausgelösten Regenfällen überdeckt sie Anfang November ein pinkfarbenes Blütenmeer – die größte Malvenblüte seit 18 Jahren (Foto unten).

KARNEVALSBEGINN IN MAINZ
Die »Schwellköpp« des Mainzer Carneval Vereins (MCV) ziehen zum Auftakt der närrischen Tage am 11.11. um 11:11 Uhr am Fastnachtsbrunnen in Mainz bejubelt durch die Feiermenge.

IM RAHMEN DER OLYMPIA-INITIATIVE »FEUER UND FLAMME FÜR HAMBURG 2024« BILDEN AM 8. NOVEMBER MEHRERE HUNDERT MENSCHEN MIT VERSCHIEDENFARBIGEN PLASTIK-ÜBERWÜRFEN IM STADTPARK HAMBURG DIE OLYMPISCHEN RINGE NACH. LINKS HABEN OLYMPIAGEGNER DAS WÖRTCHEN »NO« GEFORMT. BEI EINEM REFERENDUM AM 29. NOVEMBER LEHNT EINE MEHRHEIT DER BÜRGER DER HANSESTADT JEDOCH EINE FORTSETZUNG DER BEWERBUNG FÜR DIE SOMMERSPIELE 2024 AB

1.11. Bei der Parlamentswahl in der Türkei erringt die islamisch-konservative Regierungspartei AKP von Staatspräsident Erdoğan die absolute Mehrheit zurück.

3.11. Steuerfahnder und Angehörige der Staatsanwaltschaft durchsuchen in Frankfurt die Zentrale des Deutschen Fußball-Bundes sowie die Privathäuser von DFB-Präsident Wolfgang Niersbach und seines Vorgängers Theo Zwanziger wegen des Verdachts der Steuerhinterziehung in Zusammenhang mit der WM-Vergabe 2006.

6.11. Die gewerkschaftlich organisierten 19 000 Flugbegleiter der Lufthansa beginnen mit Arbeitsniederlegungen in Frankfurt und Düsseldorf den längsten Streik in der Geschichte der »Kranich«-Linie, der bis zum 13. November währt. Zentraler »Knackpunkt« der sich bereits seit zwei Jahren dahinschleppenden Tarifverhandlungen ist die Regelung von Betriebsrenten. Insgesamt 4700 Flüge müssen von der Airline gestrichen werden. – Parteiübergreifend beschließt der Deutsche Bundestag in Berlin ein Verbot geschäftsmäßiger Sterbehilfe und stellt die Förderung von Selbsttötung durch Vereine oder Privatpersonen als Dienstleistung unter Strafe.

9.11. Im Zuge der Affäre um mysteriöse Geldtransfers in Millionenhöhe bei der Fußball-WM 2006 tritt DFB-Präsident Niersbach von seinem Amt zurück.

10.11. Mit dem früheren SPD-Politiker Helmut Schmidt (96) stirbt in Hamburg eine der prägendsten Persönlichkeiten der deutschen Nachkriegsgeschichte. Der Hanseat war von 1974 bis 1982 als Regierungschef einer sozialliberalen Koalition der fünfte Bundeskanzler der Bundesrepublik.

12.11. In einem südlichen Viertel von Libanons Hauptstadt Beirut, einer Hochburg von Anhängern der schiitischen Hisbollah, kommen bei zwei Selbstmordattentaten 43 Menschen ums Leben, es gibt mehr als 200 Verletzte. Die sunnitische Terrorvereinigung Islamischer Staat brüstet sich mit dem mörderischen Anschlag.

13.11. In Paris kommt es am Abend zeitgleich zu einer Serie koordinierter Anschläge durch Kommandos der Terrormiliz Islamischer Staat, bei denen 132 Menschen umkommen und sieben islamistische Terroristen getötet werden. Allein in der Konzerthalle »Bataclan« werden 80 Besucher von den Religionsfanatikern massakriert, über 350 teilweise schwer verletzt. Während des Fußballländerspiels Frankreich – Deutschland sprengen sich am Stade de France drei Attentäter in die Luft; Staatspräsident Hollande ruft den Ausnahmezustand aus; die deutsche Fußball-Nationalmannschaft verbringt die Nacht in den Katakomben des französischen Nationalstadions.

14.11. Auf einer Neubaustrecke im Elsass entgleist während einer Testfahrt ein französischer Hochgeschwindigkeitszug (TGV) in der Nähe von Straßburg, Waggons stürzen über eine Brücke in den Rhein-Marne-Kanal, elf Menschen kommen dabei um, 42 werden verletzt.

16.11. Der G20-Gipfel der führenden Industrie- und Schwellenländer im türkischen Belek erbringt wenig mehr als Bekenntnisse zur Terrorbekämp-

MIT EINEM STAATSAKT NEHMEN AM 23. NOVEMBER SPITZEN VON POLITIK UND GESELLSCHAFT SOWIE INTERNATIONALE WEGGEFÄHRTEN (AUF DEM FOTO AM REDNERPULT: HENRY KISSINGER) UND FREUNDE IN DER HAMBURGER HAUPTKIRCHE ST. MICHAELIS ABSCHIED VON DEM VERSTORBENEN ALTKANZLER HELMUT SCHMIDT

Das Aha-Zitat des Monats

DIE SPIELER »HABEN SICH ENTSCHIEDEN, FUSSBALL MIT DEM BALL ZU SPIELEN. MIT DEM BALL HAST DU MEHR MÖGLICHKEITEN, EIN TOR ZU SCHIESSEN.«

Bahnbrechende Erkenntnis von Pep Guardiola, als Taktik-»Heiliger« der Kickerbranche verehrter und deswegen unchristlich hochdotierter spanischer Trainer im Solde des FC Bayern München am 5. November nach dem Champions-League-Spiel gegen FC Arsenal

fung und einer Hilfsausweitung für Flüchtlinge aus Syrien.

17.11. 90 Minuten vor dem Anpfiff wird wegen einer Terrorwarnung in Hannover das Freundschaftsländerspiel Deutschland–Niederlande von den Sicherheitsbehörden abgesagt, vorgebliche Hinweise auf geplante Attentate sind im Nachhinein jedoch nicht verifizierbar.

18.11. Im nigerianischen Kano sterben 15 Menschen bei einem Selbstmordanschlag zweier junger Frauen aus der islamistischen Terrorgruppe Boko Haram in einem Einkaufsviertel.

20.11. Zwei islamistische Attentäter einer Al-Kaida zugerechneten Gruppierung erstürmen in Malis Hauptstadt Bamako ein vornehmlich von Ausländern besuchtes Luxushotel und nehmen zahlreiche Geiseln. Die Schreckensbilanz nach dem Einsatz einheimischer Spezialkräfte: 21 Tote, darunter auch die beiden Religionsfanatiker.

24.11. Als Reaktion auf den Abschuss eines russischen Kampfjets vom Typ Suchoi Su-24 durch die Türkei im Grenzgebiet zu Syrien, der den hoheitlichen Luftraum verletzt haben soll, verhängt Russlands Präsident Putin als Vergeltung Wirtschaftssanktionen gegen die Türkei.

27.11. Der Deutsche Bundestag verabschiedet mit großer Mehrheit den Haushalt für 2016, der Ausgaben von 316,9 Milliarden Euro vorsieht. Finanzminister Wolfgang Schäuble geht davon aus, trotz der durch die Flüchtlingskrise hervorgerufenen Mehrkosten ohne neue Schuldenaufnahmen mit diesem Etat auszukommen.

29.11. Mit einer für einen Bürgerentscheid hohen Wahlbeteiligung von 50,1 Prozent lehnen die Hamburger mehrheitlich mit 51,6 Prozent der gültigen Stimmen, nicht zuletzt wegen fehlender Milliarden-Finanzierungszusagen des Bundes, eine Bewerbung für die Olympischen Sommerspiele 2024 ab.

DER ÖSTERREICHISCHE KÜNSTLER ERNST FUCHS (85), MALER, GRAFIKER, BILDHAUER, BÜHNENBILDNER, ARCHITEKT, KOMPONIST, AUTOR, PHILOSOPH, VATER VON 16 KINDERN MIT SIEBEN FRAUEN UND LEGENDÄRER MITBEGRÜNDER »DER WIENER SCHULE DES PHANTASTISCHEN REALISMUS« STIRBT AM 9. NOVEMBER IN WIEN

30.11. Zu Beginn des bis zum 11. Dezember dauernden UN-Klimagipfels treffen in Paris mehr als 150 Staats- und Regierungschefs zusammen, um Stellung über Wege aus dem Treibhausgas-Dilemma und der Erderwärmung zu beziehen.

OLICE
PACIFIC
SHAR
TOURS COMPAN
SINCE 87

DEZEMBER

VERZWEIFLUNG ZUM ERBARMEN

Am 17. Dezember wird in Berlin das UNICEF-Foto des Jahres 2015 vorgestellt. Ausgezeichnet werden vom Kinderhilfswerk der Vereinten Nationen im Rahmen dieses alljährlichen internationalen Wettbewerbs Fotos, die weltweit die Lebenswirklichkeit von Kindern in ganz besonderer Weise dokumentieren. Platz eins wird diesmal Georgi Licovski, 1964 im mazedonischen Bitola geboren, für seine Bildreportage von der griechisch-mazedonischen Grenze zugesprochen. Sein im Sommer aufgenommenes Bild an der griechisch-mazedonischen Grenze fängt als Momentaufnahme ein, wie zwei Flüchtlingskinder zwischen vordringenden Menschenmassen und Grenztruppen von ihren Eltern getrennt werden.

DEZEMBER 2015

HEILIGES JAHR DER BARMHERZIGKEIT

Exakt 50 Jahre nach Abschluss des Zweiten Vatikanischen Konzils beginnt am 8. Dezember das von Papst Franziskus ausgerufene und bis zum 20. November 2016 dauernde Heilige Jahr. Traditionell können katholische Gläubige in dieser Zeit einen Ablass ihrer Sünden erlangen. Wer etwa unter Einhaltung festgelegter Rituale durch eine der Heiligen Pforten schreitet, die es in sieben römischen Kirchen gibt, dem wird ein solcher gewährt. Insgesamt rechnet der Vatikan mit dem Kommen von mehr als 30 Millionen Pilgern (Foto unten).

EIN SCHLUCK SOZIALDEMOKRATIE

Beim Bundesparteitag der SPD am 11. Dezember in Berlin mit dabei war der am 9. November verstorbene Ex-Bundeskanzler Helmut Schmidt – wenn auch nur als Milchschaumporträt eines Baristas (Foto rechts). Dem amtierenden Parteivorsitzenden Sigmar Gabriel bescherten die 600 Delegierten aus ganz Deutschland jedoch bei dessen Wiederwahl ein fast schon schmachvolles Ergebnis.

APPELL
Aktivisten von Greenpeace haben am 11. Dezember den Place de L'Étoile in Paris mit gelber Farbe in eine Sonne verwandelt. Sie protestieren damit gegen die Wischiwaschi-Ansätze der in der französischen Hauptstadt tagenden Experten der UN-Klimakonferenz aus 195 Staaten.

DEZEMBER 2015

NUSSKNACKER: WEIHNACHTLICHE VOLKSKUNST

Wir schreiben das Jahr 1816, als mit E.T.A. Hoffmanns »Nussknacker und Mäusekönig« die Figur des Nussknackers Einzug in die deutsche Kinderbuchliteratur findet. Das Mädchen Klara erhält von ihrem Onkel am Weihnachtsabend einen Nussknacker als Geschenk, den sie mit in ihr Bett nimmt. Mit ihm an ihrer Seite träumt sie von einer Schlacht, die der Nussknacker mit seinen Spielzeugsoldaten gegen die Truppen des Mäusekönigs führt und gewinnt. Nach dem Sieg verwandelt der Nussknacker sich in einen Prinzen, der Klara in das Reich der Süßigkeiten mitnimmt.

4

1

2

Die figürliche Holznussknacker-Erschaffung im Erzgebirge fußt jedoch auf einer anderen Quelle, dem Kindermärchen in Bildern »König Nussknacker und der arme Reinhold« von 1851 des Frankfurter Arztes Heinrich Hoffmann, der sich auch den »Struwwelpeter« ausdachte. Der arme Reinhold ist ein kranker Junge, den der Nussknacker im Traum in eine wunderschöne Spielzeugwelt begleitet. Nach dem Aufwachen am nächsten Morgen findet Reinhold die Spielsachen unter dem Weihnachtsbaum und wird auf der Stelle wieder gesund. Von dieser Geschichte inspiriert, macht sich 1865 im erzgebirgischen Seiffen Wilhelm Friedrich Füchtner, der eine Holzwerkstatt betreibt, daran, einen Urvater des Nussknackers, wie wir ihn heute kennen (Foto 1), zu schnitzen. Womit die Erfolgsgeschichte der aus bis zu 60 Einzelteilen zusammengesetzten Holzfigur begann – als Spielzeug und Weihnachtsdekoration und kaum in einer tatsächlichen Kernaufbeißer-Funktion. Der Entstehungszeit geschuldet ist bei der figürlichen Darstellung ein Hang zu obrigkeitlichen Figuren, seien es ein König (Foto 2), ein Polizist oder ein Soldat (Foto 3). Auf Ständen deutscher Weihnachtsmärkte sind Nussknacker wie hier etwa in Frankfurt längst zu einem festen Angebotsanteil geworden (Foto 4). In der Erzgebirgsgemeinde Neuhausen existiert mittlerweile sogar Europas erstes Nussknackermuseum, das mit über 5 000 Exponaten (Foto 5) und einer Staunewelt nicht nur für Kinder (Foto 6) aufwartet.

3

5

6

DEZEMBER 2015

WEIHNACHTSMANN IM ANFLUG
Gesichtet wurde dieses ungewöhnliche Fluggespann am 1. Dezember über Blagoewgrad, dem wirtschaftlichen und kulturellen Zentrum Südwestbulgariens (Foto links).

»FRÖHLICHE WEIHNACHT ÜBERALL«
Schulkinder haben sich für den weihnachtlichen Laternenumzug in Las Piñas auf den Philippinen am 11. Dezember mit selbstgebastelten Kostümen bunt herausgeputzt (Foto unten).

SANTA CLAUS – EIN MODERNER JET-REISENDER?
Der erste Eindruck täuscht, denn es schwebt im Landeanflug auf den Flughafen von Manila am 7. Dezember lediglich eine Maschine der Philippine Airlines über einem bereits festlich dekorierten Haus in Airport-Nähe ein (Foto rechte Seite oben).

WEIHNACHTSSCHÜTZEN
Seit Beginn des 19. Jahrhunderts gehört es im Berchtesgadener Land zum bayrischen Brauchtum, dass an Heiligabend das Christkind mit kurzläufigen, großkalibrigen Handböllern wie hier in Schönau lautstark »eingeschossen« wird (Foto rechte Seite unten).

DEZEMBER 2015

ABGEHOBEN
Obwohl kein fliegendes Rentier des Weihnachtsmanns, so vermag dennoch dieser sprunggewaltige Lipizzaner aus der Spanischen Hofreitschule in Wien in beeindruckende Höhen aufzusteigen (Foto linke Seite).

VERHEERENDER ERDRUTSCH
Unter der sich von einer illegal betriebenen Müllhalde über 380 000 Quadratmeter verbreitenden zehn Meter hohen Schlammlawine werden am 21. Dezember im chinesischen Shenzhen zahlreiche Bauten eines Industrieparks zerstört; offizielle Zahlen zu Opfern gibt es nicht, es ist lediglich die Rede von über 90 Vermissten. Das Foto rechts vom Tag danach zeigt einen Fesselballon, der Luftaufnahmen vom Katastrophengebiet schießt.

GEGLÜCKTE INTEGRATION
Im schleswig-holsteinischen Mörel ist innerhalb von nur zwei Monaten ein junges Wildschwein als fremdartiges Lebewesen von einer achtköpfigen »Willkommens«-Ochsenherde voll akzeptiert und quasi adoptiert worden (Foto unten).

ANGEKOMMEN IM GELOBTEN LAND?
Privatsphäre: keine. Foto links vom 9. Dezember aus einer Notunterkunft für asylsuchende Bürgerkriegsflüchtlinge aus Nahost in einem ehemaligen Hangar des Berliner Flughafens Tempelhof.

SILVESTER-KRAWALLNACHT IN KÖLN
Am 31. Dezember kommt es gegen Mitternacht auf der Domplatte zwischen dem Hauptbahnhof und dem Kölner Wahrzeichen neben Trick-Diebstahlsdelikten (durch Antanzen) zu zahlreichen sexuellen Übergriffen auf Frauen durch Gruppen junger Männer aus nordafrikanischen und arabischen Ländern. Die Polizeiführung wird anschließend mit dem Vorwurf konfrontiert, die brisante Lage unterschätzt und nicht unter Kontrolle gehabt zu haben. NRW-Innenminister Ralf Jäger versetzt daraufhin Polizeipräsident Wolfgang Albers am 8. Januar in den vorzeitigen Ruhestand. Die Aufklärung der Ereignisse im Einzelnen dürfte allerdings zeitraubend und schwierig ausfallen. Bis Ende März 2016 wurden von über 1200 Opfern Straftaten angezeigt (Foto unten).

CHAOTISCHER BALKAN-PARLAMENTARISMUS

Im Parlament des Kosovo in der Hauptstadt Pristina kommt es am 16. Dezember wieder einmal zu einer massiven Unterbrechung der Abgeordnetentätigkeit. Trotz massiver Sicherheitskontrollen beim Zugang zum Plenarsaal gelingt es zwei oppositionellen Volksvertretern Tränengaspatronen zu zünden (Foto links). Parlamentssicherheitskräfte müssen sich Atemschutzmasken anlegen, um eingreifen zu können (Foto unten). Die Opposition will seit Monaten durch Lahmlegung der Parlamentsarbeit mittels derartiger Aktionen, zu denen neben Eierwürfen auch gellende Pfeifkonzerte gehören, ein Abkommen der Regierung verhindern, das der serbischen Minderheit im Lande mehr Rechte zusichert.

MONATS-CHRONIK

KURT MASUR (88), DER ALS GEWANDHAUSKAPELLMEISTER FAST DREISSIG JAHRE DAS LEIPZIGER MUSIKLEBEN PRÄGTE, VERSTIRBT AM 19. DEZEMBER IN DEN USA. IM OKTOBER 2012 WURDE ÖFFENTLICH BEKANNT, DASS DER DIRIGENT BEREITS SEIT ETLICHEN JAHREN AN PARKINSON ERKRANKT IST. DAS FOTO ZEIGT KURT MASUR BEI EINER ORCHESTERPROBE IM APRIL 2008

1.12. Die Außenminister der NATO-Staaten beschließen in Brüssel, wegen der prekären Sicherheitslage in Afghanistan den vorgesehenen weiteren Truppenabzug auszusetzen; Deutschland will sein Bundeswehrkontingent vor Ort sogar wieder erhöhen.

2.12. Ein radikal-islamistisches Ehepaar tötet in San Bernardino im US-Bundesstaat Kalifornien bei einem Anschlag auf die Weihnachtsfeier einer Sozialeinrichtung um sich schießend 14 Menschen, 21 weitere werden verletzt; die Attentäter selbst sterben danach bei einem Feuergefecht mit Polizeikräften.

4.12. In Berlin erteilt der Deutsche Bundestag der Bundeswehr das Mandat, die Luftangriffe der Anti-IS-Koalition in Syrien und dem Irak mit Aufklärungseinsätzen von »Tornados« der Luftwaffe und bis zu 1200 Mann zu unterstützen.

5.12. Vor Kolumbiens Küste entdecken Forscher das Wrack der spanischen Galeone »San José«. Das Segelschiff, das Gold und Edelsteine nach Spanien bringen sollte, war 1708 nach einem britischen Angriff gesunken. Der Wert seiner Ladung wird in Schätzungen mit einem zweistelligen Milliardenbetrag in US-Dollar beziffert.

8.12. In Rom öffnet Papst Franziskus erstmals wieder die seit fast anderthalb Jahrzehnten verschlossene Heilige Pforte des Petersdoms und ruft das Heilige Jahr der Barmherzigkeit aus.

9.12. Islamistische Taliban-Kämpfer erstürmen das Gelände des Flughafens der afghanischen Stadt Kandahar; bei den stundenlangen Gefechten werden über drei Dutzend Zivilisten, zwölf Sicherheitskräfte sowie alle elf Angreifer getötet.

11.12. Auf dem SPD-Bundesparteitag in Berlin stellt sich Sigmar Gabriel zur Wiederwahl als Parteivorsitzender und wird von den Delegierten abgestraft. Mit lediglich 74,3 Prozent Zustimmung erzielt er sein bislang schlechtestes Ergebnis.

12.12. Zum Ende der zweiwöchigen 21. UN-Klimakonferenz in Paris verkündet der französische Außenminister Laurent Fabius die Verständigung auf ein neues Klimaschutzabkommen, eine bessere Absichtserklärung von 195 Ländern, mit dem Ziel, die Erderwärmung durch Treibhausgase auf unter zwei Prozent zu begrenzen. Über die jeweils nationalen Klimamaßnahmen in welcher Form auch immer zu befinden, bleibt den einzelnen Staaten jedoch freigestellt.

14.12. In Karlsruhe erfährt auf dem zweitägigen Parteitag der CDU der Flüchtlingskurs von Kanzlerin Angela Merkel, die von einem »humanitären Imperativ« spricht, breite Unterstützung. Ein Leitantrag – Verringerung des Flüchtlingszuzugs ja, Setzung einer Obergrenze nein – wird von den Delegierten mit absoluter Mehrheit angenommen.

17.12. Im marokkanischen Badeort Skhirat unterzeichnen Handlungsbevollmächtigte der beiden rivalisierenden Regierungen in Libyen einen unter Vermittlung der Vereinten Nationen zustande gekommenen Friedensplan zur Beendigung des Bürgerkriegs, der die Bildung einer Regierung der nationalen Einheit vorsieht.

18.12. Der Sicherheitsrat der Vereinten Nationen beschließt in New York einstimmig eine Resolution für das vom Bürgerkrieg heimgesuchte Syrien auf Basis eines am 24. November 2015

MIT EINER HÖHE VON 406 METERN WIRD MIT DER QINGSHUIBRÜCKE AM 25. DEZEMBER IN DER CHINESISCHEN PROVINZ GUIZHOU EINE DER WELTWEIT HÖCHSTEN BRÜCKEN IN BETRIEB GENOMMEN

Das Aha-Zitat des Monats

»ES TUT MIR WIRKLICH LEID. ES TUT MIR LEID, DASS ICH IMMER NOCH EIN PUNCHINGBALL BIN. ES TUT MIR LEID UM DEN FUSSBALL. ES TUT MIR LEID FÜR DIE FIFA. UND ES TUT MIR LEID FÜR MICH.«

Joseph Blatter, als Präsident machtversessener Schweizer-Funktionärsgreis (79) des Weltfußballverbandes, am 21. Dezember, nachdem er von der FIFA-Ethikkommission wegen dubioser Finanztransaktionen im Millionenbereich eine achtjährige Ämtersperre aufgebrummt bekommt

in Wien beschlossenen Aktions- und Zeitplans, demzufolge im Januar 2016 Gespräche über einen Waffenstillstand und die Bildung einer Übergangsregierung beginnen sollen.

20.12. Bei den Parlamentswahlen in Spanien bleibt die konservative Partido Popular von Ministerpräsident Mariano Rajoy trotz heftiger Verluste zwar stärkste Partei mit 123 von 350 Parlamentssitzen, verliert aber die absolute Mehrheit. Die erstmals angetretene linkspopulistische Partei Podemos (69 Sitze) sowie die liberalistische Aufsteigerpartei Ciudadanos (40 Sitze) bringen das bisherige Machtgefüge durcheinander, zumal auch die Sozialisten der PSOE ebenfalls herbe Verluste mit nur 90 Sitzen hinnehmen mussten. Wer mit wem eine künftige Regierung zu bilden vermag, ist nach diesem Ergebnis völlig offen.

»LEMMY« IST TOT. DER LEGENDÄRE GRÜNDER (1975) UND FRONTMAN DER BRITISCHEN HEAVY-METAL-BAND »MOTÖRHEAD«, DESSEN EIGENTLICHER NAME IAN FRASER KILMISTER LAUTETE, VERSTIRBT MIT 70 AM 28. DEZEMBER IM AMERIKANISCHEN LOS ANGELES

21.12. FIFA-Boss Joseph Blatter sowie UEFA-Präsident Michel Platini werden von der Ethikkommission des Fußball-Weltverbandes für acht Jahre gesperrt. Der Grund: Eine von dem Schweizer getätigte dubiose Zahlung über zwei Millionen Franken an den Franzosen im Jahr 2011.

23.12. Somalias Staatspräsident Hassan Sheikh Mohamud verbietet die Abhaltung von Weihnachts- und Neujahrsfeiern in seinem Land, da sie einen Verstoß gegen den Islam darstellten.

27.12. Der irakische Premier Haider al-Abadi verkündet die fünf Tage zuvor mit internationaler Luftunterstützung begonnene Rückeroberung der bislang von der Terrormiliz Islamischer Staat gehaltenen Provinzhauptstadt Ramadi.

29.12. In Jerusalem verurteilt das Oberste Gericht letztinstanzlich den früheren israelischen Ministerpräsidenten Ehud Olmert (2006 – 2009) wegen Korruption zu einer Haftstrafe von 18 Monaten.

31.12. Im Bereich zwischen Kölner Dom und Hauptbahnhof kommt es in der Silvesternacht neben diversen Eigentumsdelikten zu einer erschreckend hohen Zahl von sexuellen Übergriffen auf Frauen durch Gruppen junger Nordafrikaner und Araber. An die Polizei ergeht der Vorwurf, die Lage nicht oder nur unzureichend unter Kontrolle bekommen zu haben.

EIN »TORNADO«-KAMPFJET MIT AUFKLÄRERAUSRÜSTUNG DES TAKTISCHEN LUFTWAFFENGESCHWADERS 51 STEHT AM 4. DEZEMBER ABFLUGBEREIT FÜR DEN EINSATZ GEGEN DEN SOGENANNTEN ISLAMISCHEN STAAT IN SYRIEN AUF DEM FLIEGERHORST IN JAGEL (SCHLESWIG-HOLSTEIN)

JANUAR

EISIGES VERGNÜGEN DER BESONDEREN ART

2 241 wagemutige Männlein und Weiblein, zumeist phantasievoll maskiert, steigen bei Europas größtem Winterschwimmen am 30. Januar im bayerischen Neuburg ins vier Grad kalte Wasser der Donau.

JANUAR 2016

NUR PROPAGANDA?
Nordkorea, kommunistisches Erb-Diktaturland in der dritten Generation unter Kim Yong-un (Jahrgang 1983), brüstet sich am 6. Januar mit der erfolgreichen Zündung einer Wasserstoffbombe. Westliche Militärexperten bezweifeln allerdings, ob das Land überhaupt über das dafür notwendige technische Know-how verfügt. Das Foto zeigt den Atompilz der amerikanischen Wasserstoffbombe XX-58 IVY Mike, die 1952 die Pazifikinsel Elugelab ausradierte.

LETZTE REDE ZUR LAGE DER NATION

Ein Jahr plus eine Woche regierte der 44. Präsident der Vereinigten Staaten im Weißen Haus, als Barack Obama am 27. Januar 2010 vor dem Kongress in Washington seine von der amerikanischen Verfassung vorgesehene erste »State of the Union Address« vortrug (Foto unten), in der er als seine wichtigste politische Priorität den Kampf gegen Arbeitslosigkeit im Lande benannte. Obama, dessen Nachfolger(in) am 8. November gewählt werden wird, hält am 12. Januar seine siebte und letzte Rede zur Lage der Nation (Foto rechts), die den Amerikanern vor allem Mut machen soll für die Zukunft des Landes, das sowohl wirtschaftlich als auch militärisch bestens aufgestellt sei.

JANUAR 2016

GEFASST
In Mexiko von manchen auf T-Shirts verehrt, als sei er Che Guevara: der mächtige Drogenboss des mörderischen Sinaloa-Kartells Joaquin Guzmán (Foto unten), genannt »El Chapo« (»Der Kurze«). 1993 wird er zum ersten Mal gefasst und zu 20 Jahren Haft verurteilt; 2001 gelingt ihm in einem Wäschewagen die Flucht aus dem Hochsicherheitsgefängnis Puente Grande. Erst im Februar 2014 vermögen es mexikanische Marineinfanteristen und amerikanische Drogenfahnder, seiner erneut habhaft zu werden. Im Juli 2015 türmt er durch ein Loch in der Dusche, das zu einem 1,5 Kilometer langen, eigens für ihn angelegten Tunnel führt, aus dem Hochsicherheitsgefängnis El Altiplano. Spezialeinsatzkräfte spüren Anfang des Jahres den meistgesuchten Mafioso der Welt in einem seiner Verstecke im Nordwesten Mexikos in Los Mochis auf und bringen ihn am 8. Januar 2016 nach heftigen Schusswechseln mit dessen Leibwächtern in ihren Gewahrsam (Foto rechts).

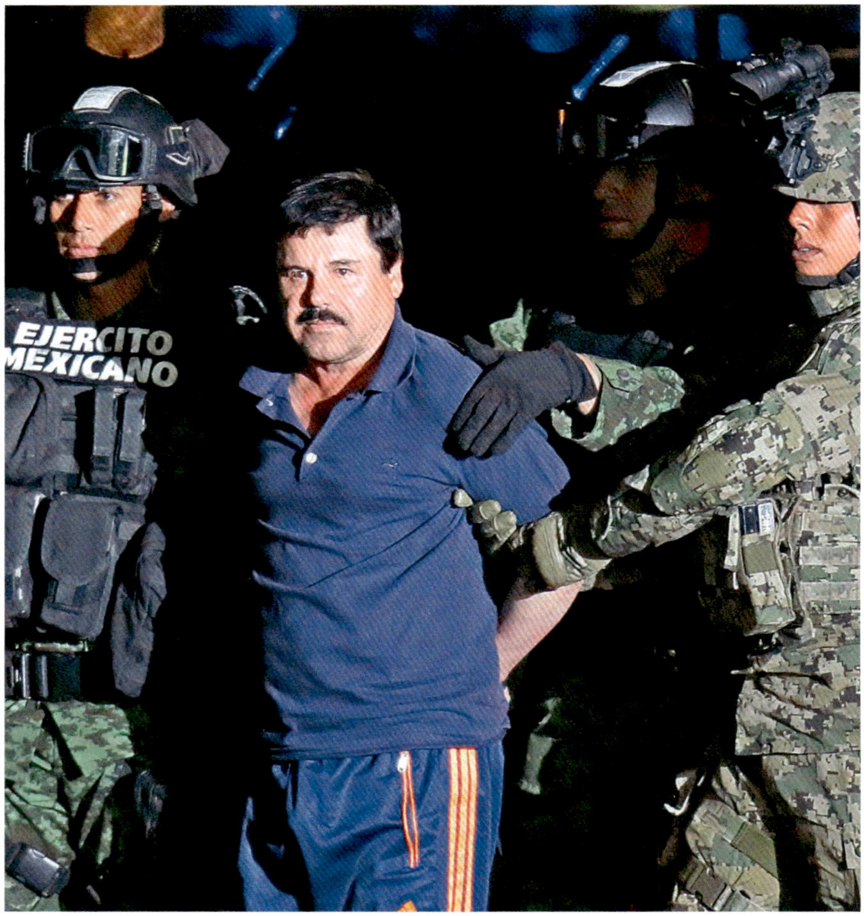

FLAMMENDES INFERNO
In Berlin-Hellersdorf fängt am 6. Januar durch einen technischen Defekt der Waggon eines Regionalzuges auf dem Weg nach Küstrin Feuer. Die etwa 180 Fahrgäste schaffen es aber mit Unterstützung des Zugpersonals zwischen den Bahnhöfen Wuhletal und Biesdorf gerade noch rechtzeitig, den Zug zu verlassen, bevor er komplett in Flammen aufgeht (Foto links).

SCHAUMTEPPICH
Feuerwehrleute müssen in Dresden am 25. Januar am Rande der allwöchentlichen Hetz-Kundgebung des fremden- und islamfeindlichen Pegida-Bündnisses diverse brennende Autos löschen (Foto unten).

UNERWÜNSCHTER GELD-EINLOCHER

Donald Trump, exzentrischer Immobilienhai, der unter seinem Namen 16 hochkarätige Golfanlagen mit sündhaft teuren Rundengebühren betreibt, unter anderen zwei auch in Schottland (Foto links), bekommt als amerikanischer Präsidentschaftskandidat im Heimatland seiner Mutter zunehmend Probleme. Wegen seiner islam- und fremdenfeindlichen Wahlkampfäußerungen wurde der Trump-Platz in Turnberry an der schottischen Westküste als möglicher Austragungsort für die British Open gestrichen. Darüber hinaus sprachen sich in Großbritannien bei einer Online-Petition 573 000 Menschen für ein Einreiseverbot gegen ihn aus, über die am 18. Januar (ohne Abstimmung) im britischen Unterhaus debattiert wurde.

KINDERSTIMMEN LASSEN DIE KANZLERIN STRAHLEN

Gewandet als Heilige Drei Könige besuchen Sternsinger aus der ganzen Bundesrepublik am 5. Januar Angela Merkel im Bundeskanzleramt (Foto unten).

DAS NEUJAHRSFEST DER BÄUME
Ultra-orthodoxe Juden feiern am 25. Januar in Jerusalem zum Ende der Regen- und dem Beginn der Pflanzzeit in Israel Tu Bischwat, bei dem es Brauch ist, Früchte zu essen, mit denen das Land gesegnet ist.

JAMUAR 2016

ENGELSFLUG

Mit ihm beginnt am 23. Januar die Eröffnung des bis zum 9. Februar dauernden weltberühmten Karnevals in Venedig. Ein Artist schwebt an einem Stahlseil gesichert vom Campanile aus über den Markusplatz (Foto links).

ÜBER DEN DÄCHERN DER STADT

Das beleuchtete Riesenrad »Wheel of Vision« dreht sich erstmals am 28. Januar auf der Düsseldorfer Königsallee, wo der 55 Meter hohe und 350 Tonnen schwere Stahlkoloss noch bis Anfang März in Aktion bleiben soll (Foto unten).

STÜRMISCH UNTERWEGS ...

... ist am 4. Januar vor Begeisterung über einen Hauch von Schnee auf dem Münchener Olympiaberg dieser ungarische Hirtenhund (Foto rechte Seite oben).

ZU STÜRMISCH UNTERWEGS ...

... ist am 7. Januar bei der Rallye Dakar der brasilianische Quad-Pilot Marcelo Medeiros auf der fünften Etappe zwischen Jujuy in Argentinien und Uyuni in Bolivien (Foto rechte Seite unten).

292
292

MONATS-CHRONIK

MIT DEM GEWINN DER EUROPAMEISTERSCHAFT AM 31. JANUAR IN KRAKAU GELINGT DER DEUTSCHEN HANDBALLNATIONALMANNSCHAFT EIN VÖLLIG UNERWARTETER TITELTRIUMPH. TORHÜTER ANDREAS WOLFF (WETZLAR), NACH POLEN URSPRÜNGLICH ALS RESERVEKEEPER MITGEREIST, AVANCIERT WÄHREND DES TURNIERS MIT SEINEN WELTKLASSE-REFLEXEN ZUM TEAMHELDEN – EIN WETZLAER KONDITORMEISTER BEDANKT SICH ZWEI TAGE SPÄTER BEIM »HEXER« FÜR DESSEN SCHIER UNGLAUBLICHE LEISTUNGEN AUF SEINE WEISE

1.1. Deutschland übernimmt die Präsidentschaft der Organisation für Sicherheit und Zusammenarbeit in Europa (OSZE), die Niederlande die Ratspräsidentschaft der EU.

2.1. Der latent schwelende Machtkonflikt in Nahost zwischen den dortigen beiden Großmächten Saudi-Arabien und dem Iran verschärft sich, als in Riad das Todesurteil gegen den schiitischen Geistlichen Nimr al-Nimr vollstreckt wird. Das iranische Außenministerium hatte zuvor gedroht, das Königshaus müsse im Falle dieses Falles »einen hohen Preis« zahlen.

3.1. In Teheran wird die saudi-arabische Botschaft von einer gewalttätigen Menschenmenge gestürmt und in Brand gesteckt. Irans oberster geistlicher Führer Ayatollah Ali Chamenei spricht von einer Rache Gottes; Saudi-Arabien bricht die diplomatischen Beziehungen zum Iran ab.

6.1. Das nordkoreanische Staatsfernsehen meldet den angeblich erfolgreichen Test einer Wasserstoffbombe; der Sicherheitsrat der Vereinten Nationen tritt in New York zu einer Dringlichkeitssitzung zusammen.

8.1. 70 Jahre nach dem Tod des Verfassers wird Adolf Hitlers Buch-Pamphlet »Mein Kampf« Ende 2015 urheberrechtlich gemeinfrei. Nach jahrzehntelangen Vorbereitungen veröffentlicht das Münchner Institut für Zeitgeschichte die erste historisch-kritische und wissenschaftliche Ausgabe dieser Programmschrift des Nationalsozialismus.

12.1. Ein syrischer Selbstmordattentäter der Terrormiliz Islamischer Staat sprengt sich in Istanbul auf dem Sultan-Ahmed-Platz inmitten einer deutschen Reisegruppe in die Luft und reißt zwölf Urlauber mit in den Tod, 13 weitere werden zum Teil schwer verletzt.

13.1. Erstmals in der Geschichte der EU leitet die Brüsseler Kommission eine Rechtsstaatlichkeitsprüfung gegen das von der rechtsnationalen PiS regierte Mitgliedsland Polen ein. Im Fokus: Reformgesetze, die darauf abzielen, die Unabhängigkeit des Verfassungsgerichts sowie der öffentlich-rechtlichen Medien faktisch zunichte zu machen.

15.1. Der islamistische Terrorwahnsinn tobt auch in Burkina Faso weiter. In Quagadougou sterben bei einem Angriff der Al-Kaida des Islamischen Maghreb auf ein Hotel 29 Menschen.

16.1. Nachdem die Internationale Atomenergie-Organisation (IAEO) dem Iran testiert hat, sein umstrittenes Atomprogramm zurückgefahren zu haben, heben die Europäische Union und die USA ihre seit Jahren bestehenden Wirtschafts- und Finanzsanktionen gegen den Golfstaat auf.

18.1. Stuttgarts Oberbürgermeister Fritz Kuhn (Die Grünen) ruft erstmals einen bis zum 21. Januar terminierten Feinstaubalarm für die schwäbische Metropole aus und appelliert an die Autofahrer, ihre privaten Vehikel nach Möglichkeit nicht zu benutzen und stattdessen auf andere Verkehrsmittel auszuweichen.

20.1. Österreich reagiert auf die anhaltende Flüchtlingskrise mit der Einführung einer Aufnahme-Obergrenze. »Bei 37 500 Anträgen in diesem Jahr

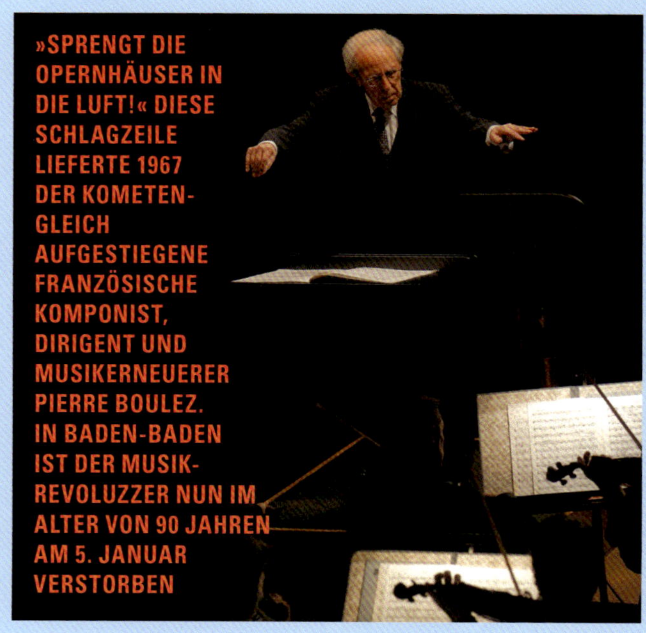

»SPRENGT DIE OPERNHÄUSER IN DIE LUFT!« DIESE SCHLAGZEILE LIEFERTE 1967 DER KOMETENGLEICH AUFGESTIEGENE FRANZÖSISCHE KOMPONIST, DIRIGENT UND MUSIKERNEUERER PIERRE BOULEZ. IN BADEN-BADEN IST DER MUSIKREVOLUZZER NUN IM ALTER VON 90 JAHREN AM 5. JANUAR VERSTORBEN

Das Aha-Zitat des Monats

»ES IST IMMER EINE MÖGLICHKEIT, EINE GEWISSE DISTANZ ZU HALTEN, DIE WEITER ALS EINE ARMLÄNGE BETRIFFT«

Sicherheits-Verhaltensempfehlung für Frauen gegen unerwünschtes Begrapschen und sexuelle Belästigung, geschliffen formuliert und vorgetragen von der Kölner Oberbürgermeisterin Henriette Reker am 5. Januar nach den massiven Übergriffen in der Domstadt auf Frauen während der Silvesternacht.

wird gestoppt«, erklärt Innenministerin Johanna Mikl-Leitner. Bundeskanzlerin Angela Merkel kritisiert diesen Beschluss.

21.1. Zu schweren diplomatischen Verstimmungen zwischen Moskau und London führt die Veröffentlichung des Untersuchungsberichts zum Fall des Kreml-Kritikers Alexander Litwinenko. Das ehemalige Mitglied des russischen Geheimdienstes FSB erlag 2006 in der britischen Hauptstadt einer Vergiftung durch radioaktives Polonium. Der ermittelnde britische Richter Robert Owen bezeichnet es als »wahrscheinlich«, dass der Mord seinerzeit nicht ohne Zustimmung des russischen Präsidenten Wladimir Putin erfolgt sein dürfte.

23.1. Im Schweizer Davos endet nach vier Tagen das 46. Jahrestreffen des Weltwirtschaftsforums, das unter dem Motto »Die Vierte Industrielle Revolution meistern« stand. Eingeladen zu diesem globalen Gedankenaustausch waren knapp 2800 Teilnehmer aus Kreisen der Führungseliten von Politik, Wirtschaft und Wissenschaft, darunter 90 Minister sowie 40 Staats- und Regierungschefs; die Bundesrepublik vertreten Finanzminister Wolfgang Schäuble und Bundespräsident Joachim Gauck, der am 20. Januar die Eröffnungsrede hält.

DIE ERZREAKTIONÄRE DAME MAG NICHT. VOR DEN BERATUNGEN DES EUROPAPARLAMENTS IN STRASSBURG AM 19. JANUAR ÜBER DIE UMSTRITTENEN GESETZESREFORMEN IN POLEN SCHEITERT EU-PARLAMENTSPRÄSIDENT MARTIN SCHULZ BEI DEM VERSUCH, DER POLNISCHEN REGIERUNGSCHEFIN BEATA SZYDŁO AUCH NUR DIE HAND ZU GEBEN

27.1. Der Deutsche Fußballbund könnte Schmiergeldzahlungen in Zusammenhang mit der WM-Vergabe an Deutschland 2006 gezielt vertuscht haben. Diese Annahme untermauert ein Medienbericht, der auf Ergebnissen der DFB-internen Untersuchung durch die Kanzlei Freshfield fußt, die ungeklärte Millionenzahlungen nicht nachvollziehbar zu erklären vermag.

30.1. Bei sämtlichen im Deutschen Bundestag vertretenen Parteien löst die AfD-Chefin Frauke Petry mit ihrer irrlichternden Absichtsbekundung, gegenüber Flüchtlingen an der Grenze »notfalls auch von der Schusswaffe Gebrauch (zu) machen« eine Welle schierer Empörung aus.

31.1. Gänzlich unerwartet gewinnt die deutsche Handballnationalmannschaft, angetreten mit dem jüngsten Team des Turniers, durch einen Finalsieg gegen Spanien die Europameisterschaft in Polen. Es ist der erste Titelgewinn seit der WM 2007.

ARTUR FISCHER, TAUSENDFACHER ERFINDER UND PATENTKÖNIG, VERSTIRBT AM 27. JANUAR 96-JÄHRIG IM SCHWARZWALDDORF WALDACHTAL-TUMLINGEN. DAS FOTO AUS DEM JAHR 2005 ZEIGT DEN BEGNADETEN TÜFTLER MIT EINEM ÜBERGROSSEN MODELL SEINES WELTBERÜHMTEN FISCHER-DÜBELS IN SEINEM BÜRO

MAKHA BUCHA
Ganz Thailand feiert am 22. Februar den Makha-Bucha-Tag. Der Überlieferung nach fanden sich einst am dritten Vollmondtag des thailändischen Mondkalenders 1250 Anhänger Buddhas nach dessen Erleuchtung bei ihm ein, um seinen Worten zu lauschen. In Erinnerung an dieses historische Ereignis meditieren Tausende von Mönchen in Bangkok vor Wat Phra Dhammakaya, der größten buddhistischen Tempelanlage der Welt.

FEBRUAR

FEBRUAR 2016

DER EINDRUCK TÄUSCHT

Politischen Einklang jedenfalls gibt es zwischen Bundeskanzlerin Angela Merkel und der neuen, seit drei Monaten amtierenden polnischen nationalkonservativen Regierungschefin Beata Szydło bei deren Antrittsbesuch in Berlin am 12. Februar nicht. Zu den politischen Stolpersteinen gehören etwa das nicht EU-konforme restriktive Mediengesetz in Polen oder die massive Beschneidung der Befugnisse des polnischen Verfassungsgerichts (Foto oben).

UNTERWEGS IN HEIKLER MISSION

In inniger Feindschaft verbunden sind im Nahostkonflikt der Iran und Saudi-Arabien, die beiden Großmächte der Region. Anfang Februar besucht Bundesaußenminister Frank-Walter Steinmeier im Bemühen, diplomatische Vermittlungsmöglichkeiten auszuloten, erst Teheran und danach Riad, wo er am 3. Februar an der Eröffnung des Janadriya-Volks- und Kulturfestivals teilnimmt, bei dem Deutschland Gastland ist (Foto rechts).

IS-TERROR IN SYRIEN HÄLT UNVERMINDERT AN

In der Stadt Homs detonieren am 21. Februar bei einem koordinierten Doppelanschlag der IS-Dschihadisten zwei Autobomben, die für 57 Menschen den Tod bedeuten und über 100 Personen verletzen (Foto links).

GROSSE MILITÄRPARADE MIT KLEINEM ELEFANTEN

Sri Lanka feiert am 4. Februar in der Hauptstadt Colombo zum 68. Mal den Tag seiner Unabhängigkeit. Die ehemalige britische Kronkolonie Ceylon wurde 1948 selbständig und 1972 in Sri Lanka umbenannt (Foto unten).

FEBRUAR 2016

BEIRUT VERSINKT IM MÜLL
Libanons Hauptstadt stinkt zum Himmel und bekommt ihr Abfallproblem trotz massiver Proteste der Bevölkerung nicht in den Griff, seit Mitte Juli 2015 mit Naameh die größte Deponie des Landes geschlossen werden musste (Foto linke Seite vom 26. Februar). Zu viele Interessengruppen streiten sich seitdem um das lukrative Geschäft mit dem Abfall.

GRENZE DICHT
Mazedonische Soldaten patrouillieren am 19. Februar bei Gevgelija an der Grenze zu Griechenland zwischen dem doppelreihigen Stacheldrahtzaun zur Verhinderung des Weiterkommens von Bürgerkriegsflüchtlingen in Richtung Deutschland (Foto rechts).

ARCHAISCH
»Bewaffnet« mit Hirtenstöcken, protestieren am 12. Februar griechische Bauern in Athen vor dem Agrarministerium gegen die geplante Renten- und Steuerreform. Die Lage eskaliert, als die Polizei Tränengas einsetzt, um einen Sturm der aufgebrachten Menge auf das Regierungsgebäude zu verhindern (Foto unten).

FEBRUAR 2016

ZUGKATASTROPHE BEI BAD AIBLING

Am 9. Februar prallen auf der eingleisigen Bahnstrecke zwischen Holzkirchen und Rosenheim (Bayern) zwei Personenzüge frontal aufeinander. Zwölf Menschen verlieren ihr Leben, 85 werden teils schwer verletzt. Den Rettungskräften bietet sich am Unglücksort ein Bild des Grauens. Ermittlungen, wie es dazu kommen konnte, ergeben ein mehrfaches Fehlverhalten des zuständigen Fahrdienstleiters, der zudem durch die Beschäftigung mit seinem Handy abgelenkt gewesen sein soll (Foto links).

PANZERHERSTELLER ERWIRBT PANZERKNACKERFRIEDHOF

Der Rüstungskonzern Krauss-Maffei Wegmann verlautbart per Firmenmitteilung am 25. Februar den Erwerb von Europas größter Panzerverschrottungsfirma Battle Tank Dismantling im thüringischen Rockensußra, die als einziges deutsches Unternehmen über sämtliche erforderlichen Lizenzen für das Schrottrecycling von Kriegswaffen verfügt.

NIZZA
Beim Karnevalsumzug in der südfranzösischen Stadt wird am 14. Februar eine riesige, als »König der Medien« titulierte Pappmachéfigur durch die Straßen getragen.

FEBRUAR 2016

MUMMENSCHANZ
Zum Auftakt der Fasnacht ziehen am 4. Februar nächtens Dutzende mit Masken und Fellen bekleidete furchteinflößende Gestalten, Tschäggättä genannt, durch die Straßen des Schweizer Dorfes Blatten im Lötschental, um das Böse zu vertreiben (Foto oben).

KEIN MUMMENSCHANZ
Frauen vom Stamm der Tiwa schleppen am 29. Februar im indischen Bundesstaat Assam das von ihnen geerntete Pflanzenmaterial zur Anfertigung von Besen zum Trocknen nach Hause (Foto links).

KARNEVAL IN RIO

Den diesjährigen prestigeträchtigen Wettbewerb der brasilianischen Sambaschulen im Sambódromo, einer 1984 von Oscar Niemeyer erbauten 700 Meter langen Tribünenstraße im Stadtteil Cidade Nova von Rio de Janeiro, die Platz für 88 500 Zuschauer bietet, gewinnt zum 18. Mal die 1928 in der Favela Mangueira gegründete gleichnamige Sambaschule. 4 300 Tänzer und Mitwirkende in farbenprächtigen Phantasiekostümen (Foto links vom 9. Februar) werden von ihr für die Paraden aufgeboten.

MUMMENSCHANZ IN TRINIDAD UND TOBAGO

Auch in der Landeshauptstadt Port-of-Spain wird Karneval gefeiert. Dieser Geisterjäger tanzt am 3. Februar beim traditionellen Maskenwettbewerb über den Adam Smith Square (Foto unten).

ZU ANFANG DES MONATS BEGINNT IN DEN USA DIE BIS JULI DAUERNDE SERIE DER FAST WÖCHENTLICH STATTFINDENDEN 50 VORWAHLEN ZUR ERMITTLUNG DES EIGENTLICHEN KANDIDATEN VON DEMOKRATEN WIE REPUBLIKANERN FÜR DIE NACHFOLGE VON PRÄSIDENT OBAMA (FOTO VOM NEW HAMPSHIRE PRIMARY AM 9. FEBRUAR)

1.2. Im amerikanischen Bundesstaat Iowa findet der Vorwahl-Auftakt zur Kandidatenfindung für das Amt des nächsten US-Präsidenten statt. Auf Seiten der Demokraten gehen insgesamt neun Bewerber ins Rennen (am bekanntesten bei uns: Ex-Außenministerin Hillary Clinton), zwölf sind es bei den Republikanern (am lautesten der exzentrische Immobilien-Milliardär Donald Trump). Demokraten und Republikaner wählen jeweils getrennt; wer am Ende die meisten Delegiertenstimmen auf sich vereint – erforderlich bei den Demokraten: 2 383, bei den Republikanern: 1 237 – darf den Wahlkampf ums Weiße Haus für seine Partei führen. – Die Weltgesundheitsorganisation WHO erklärt die sich vor allem in Brasilien durch Moskitos immer weiter ausbreitende Zika-Virus-Epidemie, die zu Missbildungen des Kopfes bei Neugeborenen führt, zum internationalen Notfall.

4.2. In Marokko geht mit der Eröffnung von »Noor I« die erste von vier Teilanlagen des Sonnenwärmekraftwerks Quarzazate am Rande der Sahara in Betrieb, das mit einer Gesamtleistung von 580 Megawatt zur weltgrößten Solaranlage ausgebaut werden soll.

5.2. Simbabwe, das von seinem diktatorischen Präsidenten Robert Mugabe (92) und dessen Vasallen wirtschaftlich systematisch geschröpft wird, ruft wegen anhaltender Dürre den Notstand aus; in den besonders betroffenen ländlichen Gebieten leiden mehr als 2,4 Millionen Menschen Hunger.

7.2. Für die USA ist die 50. Austragung der Super Bowl im American Football das Sportereignis des Jahres. In Santa Clara triumphieren die Denver Broncos mit einem 24:10-Sieg über die Carolina Panthers. 111,9 Millionen Zuschauer verfolgen das Spiel im amerikanischen Fernsehen, weltweit sitzen über 800 Millionen Menschen vor den TV-Geräten.

8.2. Massive Unwetterwarnungen, die mit dem Sturmtief Ruzica einhergehen, das mit Windböen bis zur Stärke zehn und mehr über Deutschland rast, führen zur Absage der traditionellen Karnevalsumzüge etwa in Mainz, Düsseldorf und Dortmund, wohingegen das bunte Narrentreiben in Köln und Aachen mit Einschränkungen stattfindet.

9.2. Bei Bad Aibling ereignet sich eines der schwersten Bahnunglücke der jüngeren deutschen Eisenbahngeschichte. Auf der nur eingleisig zu befahrenden Strecke zwischen Holzkirchen und Rosenheim kommt es durch mehrfaches Fehlverhalten des zuständigen Fahrdienstleiters zum Frontalzusammenstoß zweier Personenzüge der Bayerischen Oberlandbahn; 12 Menschen sterben, 85 werden teils schwer verletzt.

11.2. In Berlin werden die bis zum 21. Februar dauernden 66. Internationalen Filmfestspiele eröffnet. Juryvorsitzende ist Meryl Streep. Den Wettbewerb um den »Goldenen Bären« gewinnt der italienische Regisseur Gianfranco Rosi mit seinem Dokumentarfilm »Fuocoammare« über das All-

1980 ERSCHEINT DER EPOCHALE ROMAN »DER NAME DER ROSE« UND MACHT SEINEN ITALIENISCHEN VERFASSER UMBERTO ECO SCHLAGARTIG ZUM WELTWEIT BERÜHMTESTEN PROFESSOR FÜR SEMIOTIK. BIS ZU SEINEM TOD AM 19. FEBRUAR IN MAILAND WAR DER 84-JÄHRIGE WEIT ÜBER ITALIEN HINAUS EINE INTELLEKTUELL PRÄGENDE INSTANZ

ZWEI TAGE NACH DER BESCHÄMENDEN RECHTEN PÖBELMOB-ATTACKE GEGEN ANKOMMENDE 15 FLÜCHTLINGE IM SÄCHSISCHEN CLAUSNITZ DEMONSTRIERT AM 20. FEBRUAR EINE GRUPPIERUNG AUFRECHTER VOR DER FLÜCHTLINGSUNTERKUNFT GEGEN FREMDENHASS

Das Aha-Zitat des Monats

»ICH GLAUBE, ES GIBT LEUTE, DIE MICH GERNE ALS WINDEL HÄTTEN.«

Jürgen Klopp, Fußball-Startrainer mit Kultstatus, ehemals Borussia Dortmund, nunmehr in England vom FC Liverpool »pfundsmäßig« besoldet, am 12. Februar über Merchandising im Sport auf der Insel

tagsleben der Inselbewohner von Lampedusa, Strandungsort Abertausender von Flüchtlingen auf der gefährlichen Mittelmeerroute.

12.2. Die 52. Münchner Sicherheitskonferenz wird eröffnet; an dieser alljährlich seit 1953 stattfindenden dreitägigen Diskussionstagung im Hotel Bayerischer Hof nehmen diesmal 550 hochrangige Experten aus den Bereichen Politik – darunter 30 Staats- und Regierungschefs sowie Militärs und Vertreter der Rüstungsindustrie teil. Hauptthemen: Syrien, Flüchtlinge und Europa.

14.2. Der französische Ministerpräsident Manuel Valls kündigt am Rande der Münchner Sicherheitskonferenz an, dass sein Land nicht mehr bereit sei, weitere Flüchtlinge aufzunehmen.

17.2. Ein Autobombenanschlag, der in der Hauptstadt Ankara in der Nähe des Hauptquartiers der Streitkräfte 28 Menschen in den Tod reißt und rund 80 Verletzte zeitigt, erschüttert die Türkei. Zwei Tage später bekennen sich kurdische Extremisten zu dem Attentat.

18.2. 15 Flüchtlinge werden per Bus zu einer Unterkunft in dem erzgebirgischen Dorf Clausnitz gebracht, wo sie von einem pöbelnden fremdenfeindlichen Mob, der aus etwa 100 Personen besteht, mit hasserfüllten »Haut-ab!«-Brüllchören empfangen werden. Die in Deutschland Zuflucht suchenden Neuankömmlinge trauen sich über zwei Stunden hinweg nicht, in Anbetracht dieses gewalttätigen Begrüßungskomitees den sicheren Bus zu verlassen; Polizeikräfte müssen danach die Verängstigten in ihr Übergangsdomizil eskortieren.

19.2. Mit dem Tod des aus dem Piemont stammenden Literaten, Philosophen und Wissenschaftlers Umberto Eco (84) verliert die Welt einen der wenigen großen Universaldenker unserer Zeit.

21.2. Der Fremdenhass in Sachsen eskaliert weiter. Erneut wird auf eine geplante Flüchtlingsunterkunft ein Brandanschlag verübt. Zahlreiche Schaulustige in Bautzen bekunden laut Polizeiangaben »unverhohlene Freude« über das Feuer und setzen alles daran, die Löscharbeiten zu behindern.

24.2. In Berlin erteilt das Bundesinnenministerium dem vom Bundeskriminalamt entwickelten »Bundestrojaner«, einer Software zur Telekommunikationsüberwachung von Computern und Smartphones, das Plazet.

26.2. Bei der FIFA-Präsidentschaftswahl in Zürich zur Nachfolge des obersten Funktionärs des Weltfußballs, Sepp Blatter, seit Dezember 2015 von der Ethikkommission wegen »ungetreuer Geschäftsbesorgung« mit einer achtjährigen Ämtersperre belegt, wird dessen Schweizer Landsmann Gianni Infantino, der bisherige Generalsekretär der Europäischen Fußball-Union.

28.2. Zum 88. Mal findet in Los Angeles die Verleihung der Academy Awards statt, der bedeutendsten Auszeichnung der Filmbranche. Der Oscar für den besten Film wird dem journalistischen Recherchedrama »Spotlight« über den katholischen Missbrauchsskandal in Boston zuerkannt, den 2002 ein Investigationsteam der Zeitung »The Boston Globe« aufdeckte. Als bester Hauptdarsteller wird Leonardo DiCaprio für seine Rolle als Trapper in »The Revenant« ausgezeichnet und Brie Larson als Mutter im Entführungsdrama »Room«.

HISTORISCHER AUGENBLICK AM 12. FEBRUAR AUF KUBA. MIT FRANZISKUS TRIFFT ERSTMALS SEIT DEM SCHISMA IM JAHR 1054 EIN RÖMISCH-KATHOLISCHER PAPST MIT EINEM OBERHAUPT DER RUSSISCH-ORTHODOXEN KIRCHE, PATRIARCH KYRILL I., ZUSAMMEN. ZENTRALES GESPRÄCHSTHEMA IM PROTOKOLLSAAL DES FLUGHAFENS VON HAVANNA: DIE SORGE ÜBER DIE ZUNAHME VON CHRISTENVERFOLGUNGEN IN DEN KRISENHERDEN DER WELT

»FRÖHLICHE OSTERN«
Das wünschen slowenische Künstler, die dieses zwei Meter große Osterei bemalt und den Bewohnern der ungarischen Stadt Pécs gestifftet haben, wo es den dortigen Szecheny-Platz schmückt (Foto vom 25. März).

MÄRZ

MÄRZ 2016

1

2

3

EUROPAS GRENZE DER HUMANITÄREN SCHANDE

Mazedonien hat seine Grenze zu Griechenland für Flüchtlinge dicht gemacht, nur Vögel vermögen noch die Befestigungsanlagen problemlos zu überqueren (1). Im notgedrungen entstandenen Flüchtlingslager Idomeni auf griechischer Seite sitzen an die 25 000 gestrandeter Menschen fest, die Lage dort ist katastrophal, es fehlt an allem. Außer verzweifelt auszuharren bleibt nicht viel: zwei kleine Mädchen versuchen am frühen Morgen des 6. März am Grenzzaun sich nach der Kälte der Nacht an einem Feuerchen wenigsten ein bisschen zu erwärmen (2). Einsetzende heftige Regenfälle verwandeln das Flüchtlingslager in eine Schlammwüste (3, Foto vom 10. März), Eltern versuchen ihre Kinder mit Plastiktüten wenigstens notdürftig vor der Nässe zu schützen (4 + 5); die Menschen leiden Hunger, und so balgen sich die Männer bei der Verteilung von Nahrungsmittel durch Hilfsorganisationen darum, etwas für sich und die ihren abzubekommen (6, Foto vom 10. März).

MÄRZ 2016

WAR WOHL NIX
Am 9. März wählt Rheinland-Pfalz einen neuen Landtag. Dem Foto (links) nach zu urteilen scheint die CDU-Wahlkampfveranstaltung am 2. März in Bad Kreuznach mit Bundeskanzlerin Angela Merkel und Spitzenkandidatin Julia Klöckner nicht unbedingt glücklich verlaufen zu sein.

SCHMUSEKURS
Vor dem entscheidenden EU-Sondergipfel zur Flüchtlingsfrage in Brüssel am 7. März treffen sich in Paris Bundeskanzlerin Merkel und der französische Staatspräsident Hollande, der hinterher erklärt: »Frankreich und Deutschland haben die gleiche Antwort auf die Flüchtlingssituation. Sie lautet: Europa.« Angela Merkel: »Wir stimmen vollkommen überein« (Foto unten).

VIA CRUCIS IN ROM
Vor dem Kolosseum betet Papst Franziskus am 25. März während der traditionellen Karfreitagsprozession zur Erinnerung an den Kreuzweg Christi (Foto oben).

KARFREITAGSKREUZIGUNG VOR DEM ULMER MÜNSTER
In der Tradition der italienischen Via Crucis Vivente veranstalten an die 100 Mitglieder der italienisch katholischen Gemeinde in Ulm am 25. März zum 13. Mal einen Lebendigen Kreuzweg. Beginnend mit der Fußwaschung am Rathausplatz in Neu-Ulm zeichnen die Laiendarsteller auf fünf Station den Leidensweg Jesu bis zur Kreuzigung auf dem Münsterplatz vor dem höchsten Kirchturm der Welt nach (Foto rechts).

MÄRZ 2016

ENTSETZEN ÜBER DAS MASSAKER VON BRÜSSEL
Als am 22. März die Nachricht mit den Opferzahlen der beiden islamistischen Nagelbombenattentate in Brüssel die EU-Außenbeauftragte im fernen Jordanien während einer Pressekonferenz mit Außenminister Nasser Judeh in Amman zugesteckt wird, vermag Federica Mogherini ihre Tränen nicht zurückzuhalten.

HISTORISCHER LANDEANFLUG
Am 20. März schwebt die »Air Force One« mit Barack Obama an Bord auf dem Flughafen von Havanna ein. Es ist seit 88 Jahren der erste Staatsbesuch eines US-Präsidenten auf Kuba (Foto links).

DIE EMBARGO-EISZEIT IST VORÜBER
Ende 2014 begannen Barack Obama und Kubas Staatschef Raúl Castro eine Normalisierung der Beziehungen zwischen ihren beiden Ländern einzuleiten. Dieser Prozess der gegenseitigen Annäherung erfährt mit dem dreitägigen Staatsbesuch vom 20. bis 22. März 2016 des amerikanischen Präsidenten auf der Zuckerrohrinsel einen mehr als nur symbolischen Höhepunkt. Das Foto vom 21. März zeigt die beiden Staatsmänner bei einem fast schon freundschaftlichen Gespräch im Palast der Revolution in Havanna (Foto unten).

MÄRZ 2016

VERWANDLUNGSKUNST
Bei der Deutschen Meisterschaft der Nachwuchsmaskenbildner in Düsseldorf am 6. März präsentiert ein Model eine sehenswerte Arbeit von Caroline Gast (Foto links).

TAG DER PUPPEN
Im japanischen Shintoismus wird jedes Jahr am dritten Tag des dritten Monats Hina Matsuri, das Mädchenfest, mit Puppen begangen. In der Glaubenswelt der Naturreligion vermögen Hina-Puppen böse Geister in deren Körper einzuschließen und so Mädchen und deren Familien vor Gefahren zu schützen. Das Foto (unten) vom 3. März zeigt eine Shinto-Priesterin, die auf den Stufen zum Shinto-Schrein in Katsuura die Puppen ihrer Vorbesitzerinnen einsortiert.

DEKONTAMINATIOSSCHLEUSE DER SONDERISOLIERSTATION

Ende Februar stirbt nach seinem Eintreffen in Köln ein amerikanischer Krankenpfleger, der sich in Togo mit dem gefährlichen Lassa-Fieber infiziert hatte. Zwei angesteckte Kontaktpersonen werden am 12. März sicherheitshalber in die Sonderisolierstation der Düsseldorfer Universitätsklinik verbracht (Foto links).

LUFTVERTEIDIGUNG

Ein speziell ausgebildeter Adler der niederländischen Polizei krallt sich am 7. März über Katwijk bei einer Übungseinheit eine Drohne (Foto unten).

MÄRZ 2016

1

3

2

SELTENES NATURSCHAUSPIEL

Die Zunge des argentinischen Perito Moreno, eines der wenigen überhaupt noch auf der Welt nach wie vor wachsenden Landgletschers in den Anden, schiebt sich kontinuierlich Jahr für Jahr als Staumauer in den Lago Argentino in der Provinz Santa Cruz, wobei sich im Lauf der Zeit dessen Wasser einen Tunnel durch die Eismassen gräbt. Am 10. März kommt es zum spektakulären Einsturz der dadurch entstandenen Eisbrücke.

4

GEWALTSAMER STAATLICHER ANSCHLAG AUF DIE PRESSEFREIHEIT IN DER TÜRKEI. DIE AUFLAGENSTÄRKSTE, JEDOCH REGIERUNGSKRITISCHE TAGESZEITUNG DES LANDES »ZAMAN«, EIN DORN IM AUGE DES MACHTVERSESSENEN PRÄSIDENTEN ERDOGAN UND ZUVOR UNTER STAATLICHE KONTROLLE GESTELLT, WIRD AM 4.MÄRZ UNTER EINSATZ VON TRÄNENGAS RIGOROS IN ISTANBUL GESTÜRMT

1.3. Vor dem Bundesverfassungsgericht in Karlsruhe beginnt ein zweites Verbotsverfahren gegen die rechtsextreme NPD; einen ersten Versuch hatte die Regierung Schröder bereits 2001 unternommen, war aber damit gescheitert, da das höchste deutsche Gericht 2003 das Verfahren einstellte, weil V-Leute des Verfassungsschutzes in der Führungsriege der NPD tätig gewesen waren.

2.3. Bei den sogenannten Super-Tuesday-Wahlen in den Vereinigten Staaten vom Vortag in Alabama, Alaska (nur Republikaner), Amerikanisch Samoa (nur Demokraten), Arkansas, Colorado, Georgia, Massachusetts, Minnesota, Oklahoma, Tennessee, Texas , Vermont und Virginia kristallisiert sich Hillary Clinton mit Siegen in sieben Staaten als Favoritin für die Präsidentschaftskandidatur der Demokraten heraus; für die Republikaner erfolgreich: Donald Trump, der bei sieben von elf Abstimmungen die Nase vorn hat. – Der Grünen-Politiker Volker Beck, seit 20 Jahren im Deutschen Bundestag als Abgeordneter und zuletzt innenpolitischer Sprecher seiner Fraktion, sieht sich genötigt sein Amt niederzulegen, nachdem er von der Polizei im Besitz von Drogen erwischt worden war.

4.3. Ungeachtet der in der türkischen Verfassung verankerten Pressefreiheit stürmen Polizeikräfte das Redaktionsgebäude der regierungskritlschen Zeitung »Zaman« in Istanbul, die zuvor unter staatliche Kontrolle gestellt worden war.

5.3. Mit dem in Berlin geborenen österreichischen Dirigenten und Cellisten Nikolaus Harnoncourt (86) stirbt in St. Pölten einer der Originalklang-Pioniere klassischer Musik in Form historischer Aufführungspraxis.

7.3. Beim EU-Türkeigipfel in Brüssel über einen Pakt in der Flüchtlingsfrage stellt Ankara Forderungen und verlangt unter anderem höhere Kompensationszahlungen der Europäer sowie eine Aufhebung des Visumszwangs für Türken von Juni an; eine Entscheidung darüber wird aber zunächst vertagt.

9.3. Ungarns Innenminister Sándor Pintér verfügt in Anbetracht der Flüchtlingskrise für sein Land den Krisenzustand und beordert zusätzliche Polizei- und Militärkräfte an die Grenzanlagen zu deren Sicherung; Mazedonien schließt, wie zuvor bereits Slowenien und Serbien, seine Grenzen vollständig für Flüchtlinge.

10.3. Die Europäische Zentralbank (EZB) setzt in Frankfurt als Maßnahme gegen die schwächelnde Konjunktur im Euro-Raum den Leitzins auf null Prozent herunter.

12.3. In Polens Hauptstadt Warschau demonstrieren Zehntausende gegen den Kurs der regierenden nationalkonservativen Prawo i Sprawiedliwosc (PiS), die Rechtsstaatlichkeit (Verfassungsgericht) autokratisch auszuhebeln.

13.3. Superwahlsonntag in Deutschland mit den Landtagswahlen in Baden-Württemberg, Sachsen-Anhalt und Rheinlandpfalz, aus denen die Alternative für Deutschland (AfD) als großer Sieger hervorgeht und mit durchweg zweistelligen Wahlergebnissen den Einzug in alle drei Parlamente schafft. Stärkste Kraft in Baden-Württemberg werden erstmals die Grünen mit Ministerpräsident Winfried Kretschmann, denen jedoch der bisherige Koalitionspartner SPD durch ein katastrophales Wahlergebnis abhanden kommt(- 10,45 Prozentpunkte gegenüber 2011 und mit 12,68 Prozent der Stimmen von der AfD, 15,1 Prozent, klar abgehängt). Von daher steht eine neue grün-schwarze Regierungskoalition zu erwarten. – In Sachsen-Anhalt rangiert die CDU von Ministerpräsident Reiner Haseloff mit 29,8 Prozent zwar noch vor der AfD (24,3), aber um weiter zu reagieren, bedarf es wohl einer Dreierkoalition mit SPD (10,6) und den Grünen (5,2). – In Rheinland-Pfalz hat SPD-Ministerpräsidentin Malu Dreyer entgegen diverser Vorhersagen mit 36,2 Prozent der Stimmen die Nase

NIKOLAUS HARNONCOURT
† 5.3.2016

HUGO STRASSER
† 17.3.2016

Das Aha-Zitat des Monats

»SCHWEDEN LIEGT NICHT IN DER MITTE EUROPAS, DIE MEISTEN KÜSTEN SCHWEDENS LIEGEN AM WASSER.«

Lothar de Maizière, begnadeter Erdkundelehrer und nebenher Bundesinnenminister, mit geheimsten Geheimdienstinformationen zur geopolitischen Lage

deutlich vorn gegenüber ihrer CDU-Herausforderin Julia Klöckner (31,8); rein rechnerisch reicht es für eine Fortsetzung von Rot-Grün dennoch nicht; wahrscheinlich wird eine Dreierallianz von SPD, FDP (6,2 Prozent) und Grünen (5,3).

17.3. Über 70 Jahre stand der Swingmusiker und Klarinettist Hugo Strasser (93) auf der Bühne, vor allem als Leader seiner 1955 gegründeten Bigband, die als Tanzorchester legendär wurde. Nunmehr ist die Klarinette des Münchners für immer verstummt.

18.3. Die Staats- und Regierungschefs der EU verständigen sich in Brüssel auf einen Flüchtlingspakt mit der Türkei, im Kern eine Umtauschvereinbarung von Menschen. Illegal über die Ägäis nach Griechenland eingereiste Migranten können wieder in die Türkei zurückgeschickt werden; für jede so transferierte Person lässt die EU im Gegenzug jeweils einen syrischen Flüchtling legal einreisen; darüber hinaus sagt die EU der Türkei Hilfsgelder zur Versorgung von Flüchtlingen im Land in Höhe von bis zu sechs Milliarden Euro zu und stellt eine Lockerung des Visumspflicht für türkische Staatsangehörige in Aussicht. – Der einstige Bundesvorsitzende der FDP (2001-2011) und Bundesaußenminister im schwarz-gelben Kabinett Merkel (2009-2013), Guido Westerwelle (59), stirbt in Köln an Leukämie. – »Cleverle« lautete der Spitzname von Lothar Späth, CDU-Ministerpräsident von Baden-Württemberg (1978-1991), den eine Korruptionsaffäre sein Amt kostete und der danach in die Wirtschaft ging. Im Alter von 78 Jahren ist er nun in Stuttgart verstorben.

19.3. Ein IS-Selbstmordattentäter sprengt sich auf einer zentralen Einkaufsmeile im Herzen Istanbuls in Luft und reißt vier Touristen mit in den Tod, fast 40 Verletzte sind zu beklagen.

22.3. Bei selbstmörderischen Nagelbombenanschlägen in Brüssel durch zwei islamistische Fanatiker in der Abflughalle des Flughafens sowie eines weiteren Attentäters im innerstädtischen U-Bahnhof Maalbeek/Maelbeek kommen nach offiziellen Angaben insgesamt 35 Menschen ums Leben, mehr als 300 werden verletzt.

24.3. 1999 wurde er von den Sportjournalisten zu Europas Fußballer des Jahrhunderts gewählt: die niederländische Fußballlegende Johan Cruyff, der als Spieler von 1964-1973 für Ajax Amsterdam und von 1973 bis 1978 für den FC Barcelona auflief und Titel serienweise einheimste; als Trainer (Ajax 1985-1988, Barça 1988-1996) revolutionierte »König Johan« mit seinen kreativen Ideen den Fußball und prägte dessen heutige moderne Spielweise; mit 68 Jahren ist nun einer besten Fußballer aller Zeiten seinem Krebsleiden erlegen.

27.3. Mit Unterstützung der russischen Luftwaffe erobern syrische Bodentruppen die seit Monaten umkämpfte Wüstenstadt Palmyra von der islamistischen Terrormiliz Islamischer Staat zurück.

31.3. Deutschlands ehemaliger Innenminister (1969-1974) in der sozialliberalen Koalition und langjähriger Bundesminister des Auswärtigen (1974-1992), der FDP-Politiker Hans-Dietrich Genscher, verstirbt 89-jährig in Wachtberg (Rhein-Sieg-Kreis).

GUIDO WESTERWELLE
† 18.3.2016

LOTHAR SPÄTH
† 18.3.2016

JOHAN CRUYFF
† 24.3.2016

HANS-DIETRICH GENSCHER
† 31.3.2016

APRIL

»PANAMA PAPERS«
Am 3. April beginnt ein internationaler Rechercheverbund mit der Veröffentlichung der Auswertung von 11,5 Millionen Dateien zu diskreten Offshore-Geschäften mit panamaischen Briefkastenfirmen, die der »Süddeutschen Zeitung« zugespielt worden waren und aus denen hervorgeht, wie Betuchte, die finanziell den Hals nicht voll genug bekommen konnten, weltweit mit ihrem Geld steuervermeidend jonglierten.

Das Foto zeigt ein abgerichtetes Krokodil, dem auf der Samutprakarn Crocodile Farm in Thailand Besucher nach der Vorführung Geldscheine für dessen Dompteur in den Rachen werfen können.

APRIL 2016

KRISENSCHAUPLATZ IDOMENI
Erneut versuchen am 10. April Hunderte von verzweifelten Flüchtlingen, die auf griechischer Seite bei Idomeni in einem riesigen, improvisierten Camp gestrandet sind, die mazedonischen Stacheldraht-Grenzverhaue zu überwinden, um über die Balkanroute irgendwie weiter nach Mitteleuropa zu gelangen. Mazedonische Polizeikräfte reagieren mit Blendgranaten und massivem Tränengasbeschuss (Foto oben).

HERZERGREIFEND SCHLICHT
Papst Franziskus trifft sich am 16. April auf der griechischen Insel Lesbos in Begleitung des griechisch-orthodoxen Patriarchen von Konstantinopel, Bartholomäus I., und des Erzbischofs von Athen und ganz Griechenland, Hieronymus II., um für mehr mitmenschliche Solidarität gegenüber Flüchtlingen zu appellieren. »Und wir gehen auch zu einem Friedhof, dem Meer. So viele Menschen kommen niemals an.« Im Gedenken an die Opfer überantworten die drei christlichen Religionsführer jeder einen einfachen Blumenkranz der See (Foto rechts).

»NIMM DEINEN HUT«
Demonstranten in London fordern am 9. April den Rücktritt von David Cameron, nachdem der Premierminister erst am Tag zuvor zögerlich eingeräumt hatte, Gelder in den Offshore Trust »Blairmore« seines Vaters, eines Börsenmaklers, in Panama gesteckt zu haben (Foto links).

NUIT DEBOUT
Bei den »Aufrechten der Nacht« handelt es sich um eine Protestbewegung vornehmlich von Jugendlichen, die seit Ende März in Paris auf dem Place de la République (Foto vom 11. April) und anderen Städten des Landes allabendlich gegen die von der Regierung geplanten Änderungen des Arbeitsrechts (u. a. beim Kündigungsschutz) demonstrieren. Frankreich leidet unter einer hohen Arbeitslosenquote von nahezu elf Prozent (Foto unten).

WIE EIN GEMÄLDE AUS EMPIRE-ZEITEN
So zumindest wirkt dieses Foto-Arrangement, das der Buckingham-Palast anlässlich des 90. Geburtstags von Queen Elizabeth II. am 21. April zur Veröffentlichung freigibt. Es zeigt die britische Monarchin als königliche Großmutter im Kreise ihrer Enkel und fünf kleinen Urenkel.

BRATWURST ROYAL

Bei den Feierlichkeiten zum niederländischen Königstag im niederländischen Zwolle am 27. April ist ein deftiger Imbiss nicht zu verachten. Königin Máxima beißt an der Seite des Monarchen Willem-Alexander jedenfalls herzhaft in ihre Bratwurst, und auch die Prinzessinnen Alexia (ganz links) sowie Ariane schauen durchaus begeistert drein (Foto rechts).

KÖNIGLICHER RAHMEN

Anlässlich ihres zweitägigen Besuchs in Bayern erfolgt in München durch den niederländischen König Willem-Alexander und seiner Gemahlin Máxima am 13. April im Beisein von Bernhard Maaz, dem Generaldirektor der Bayerischen Staatsgemäldesammlungen, in der Alten Pinakothek die Wiedereröffnung des renovierten »Holländer-Saals« (Foto unten).

APRIL 2016

GESTRAUCHELT

Politisch jedenfalls ist das die AfD-Parteivorsitzende Frauke Petry nicht beim 5. Bundesparteitag der Rechtspopulisten in Stuttgart am 30. April, auf dem ein erstes fremdenfeindliches Grundsatzprogramm mit massiver Islamkritik als zentralem Element beschlossen wird. Im Juli 2015 hatte sie zusammen mit dem radikal nationalkonservativen Parteiflügel für die Abwahl des wirtschaftsliberalen Partei-Mitbegründers, des Ökonomieprofessors Bernd Lucke, als einer von drei Bundessprechern der AfD gesorgt (Foto links).

BITTERE ALLTAGSREALITÄT

Bei einem der islamistisch-fanatischen Taliban-Selbstmordattentate in Kabul sterben in Afghanistan am 19. April über 60 Menschen, die Zahl der Verletzten geht in die Hunderte. Das Foto von diesem Tag zeigt einen Mann, der nach dem Bombenanschlag ein verletztes Mädchen in Sicherheit bringt (Foto unten).

WO BLEIBT ER DENN?
Wie bestellt und nicht abgeholt wartet Bundeskanzlerin Angela Merkel am 19. April hinter einer Glastür ihres Berliner Amtssitzes auf das Eintreffen eines Staatsgastes: Filipe Jacinto Nyusi, Präsident der Republik Mosambik (Foto oben).

AUF DEN DURCHBLICK KOMMT´S AN
Nachdem sie am 24.4. gemeinsam die Hannover Messe eröffneten, bei der die USA das diesjährige Gastland ist, begeben sich US-Präsident Barack Obama und Bundeskanzlerin Angela Merkel am Montag auf den Rundgang zu Ständen der Aussteller auf dieser industriellen Leistungsschau (Foto rechts).

APRIL 2016

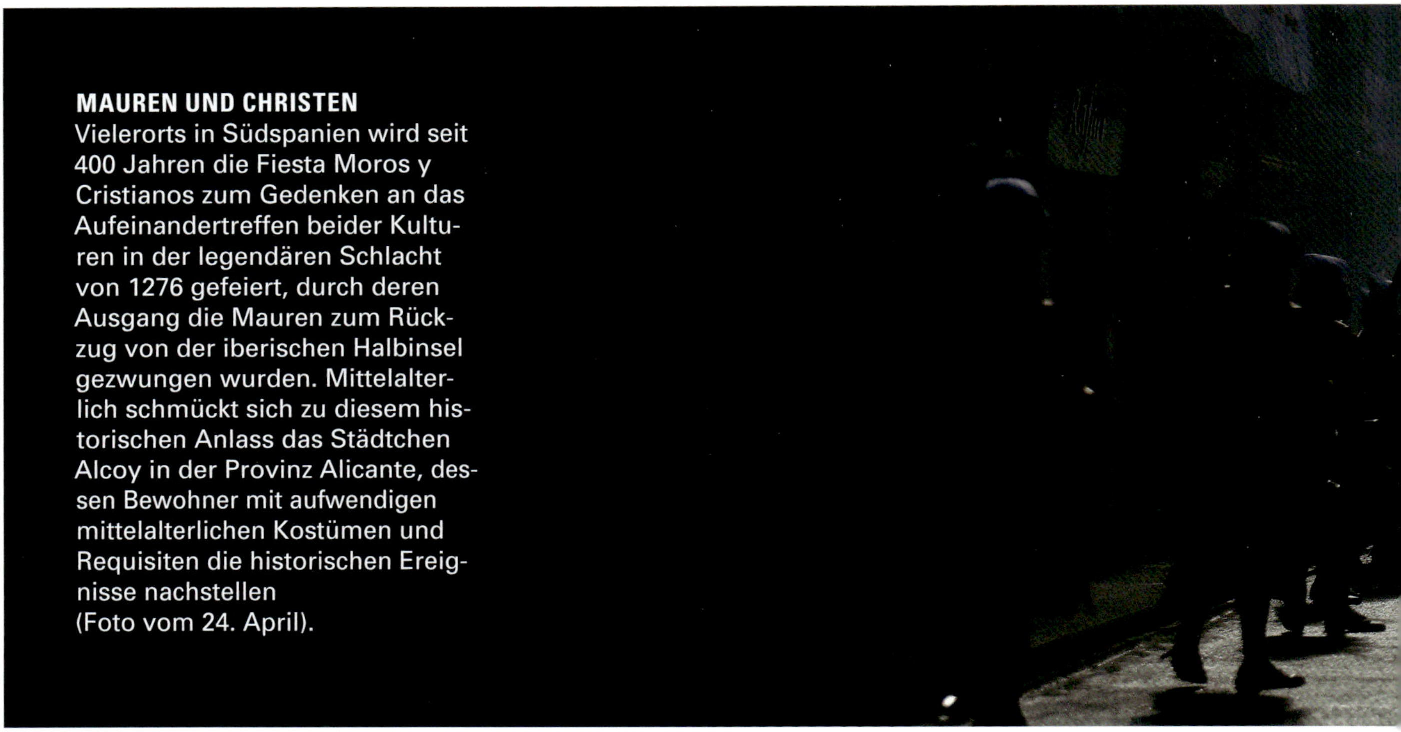

MAUREN UND CHRISTEN
Vielerorts in Südspanien wird seit 400 Jahren die Fiesta Moros y Cristianos zum Gedenken an das Aufeinandertreffen beider Kulturen in der legendären Schlacht von 1276 gefeiert, durch deren Ausgang die Mauren zum Rückzug von der iberischen Halbinsel gezwungen wurden. Mittelalterlich schmückt sich zu diesem historischen Anlass das Städtchen Alcoy in der Provinz Alicante, dessen Bewohner mit aufwendigen mittelalterlichen Kostümen und Requisiten die historischen Ereignisse nachstellen
(Foto vom 24. April).

FLAMMENDES FANAL
Aufgeschichtet zu drei riesigen Scheiterhaufen gehen am 30. April im Nairobi Nationalpark in drei riesigen Scheiterhaufen rund 105 Tonnen beschlagnahmter Elefantenstoßzähne, für die 8 000 von Wilderern getötete Elefanten ihr Leben lassen mussten, und mehr als eine Tonne Rhinozeros-Hörner (Schwarzmarktpreis in Asien: 70 Millionen Euro) in Flammen auf. Kenia will mit dieser Aktion international ein Aufmerksamkeitszeichen gegen den illegal-mörderischen internationalen Elfenbeinhandel setzen (Foto links)

LONDON MARATHON IM ALL
Eingeschnallt in ein Geschirr, das ein Abheben aufgrund der Schwerelosigkeit verhindert, geht an Bord der Internationalen Raumstation ISS der britische Astronaut Tim Peake am 24. April zeitgleich mit den 39 000 Teilnehmern des Londoner Marathons am Boden in 400 Kilometern Höhe über der Erde auf einem Laufband an den Start. Die Strecke von 42,195 Kilometern bewältigt er in nur geringfügig mehr als dreieinhalb Stunden: Weltraum Weltrekord (Foto rechts).

MONATS-CHRONIK

DEM PRIVATEN RAUMFAHRTUNTERNEHMEN SPACEX GELINGT ES AM 9. APRIL ERSTMALS DIE ERSTE TRÄGERSTUFE EINER FALCON-9-RAKETE NACH DEREN RÜCKKEHR AUS DEM ALL VON EINER VERSORGUNGSMISSION FÜR DIE INTERNATIONALE RAUMSTATION (ISS) AUF EINER SCHWIMMENDEN PLATTFORM IM ATLANTIK ZUR WIEDERVERWENDUNG ZU LANDEN

1.4. In Washington treffen sich zum Nuclear Security Summit mehr als 50 Staats- und Regierungschefs zu Beratungen über Abrüstung und die Gefahren atomaren Terrorismus. Im Gegensatz zum Staatspräsidenten der Volksrepublik China, Xi Jinping, lehnt jedoch der russische Präsident Putin eine entsprechende Einladung von US-Präsident Obama zur Teilnahme ab.

3.4. Die Veröffentlichung der sogenannten Panama Papers sorgt weltweit für Schlagzeilen. 11,5 Millionen Dateien mit 2,6 Terabyte aus einer panamaischen Anwaltskanzlei, die ein Jahr zuvor der »Süddeutschen Zeitung« zugespielt und danach unter strengster Geheimhaltung in einem Rechercheverbund von rund 400 Journalisten in über 100 Medien aus 80 Ländern gesichtet worden waren, ermöglichen einen ungeahnten Einblick in die internationalen Finanzgeschäfte mit dubiosen Offshore-Briefkastenfirmen.

5.4. Das Mitglied ausgerechnet der Ethikkommission des Weltfußballverbandes FIFA, der Rechtsanwalt Juan Pedro Damiani aus Uruguay, legt als enttarnter Berater von unter Korruptionsanklage stehender Sportfunktionäre bei der Gründung von Offshore-Firmen aufgrund der »Panama Papers« sein Amt nieder.

6.4. Wegen massiver Proteste der Bevölkerung gegen Islands in Offshore-Geschäfte verstrickten Premierminister tritt Sigmundur D. Gunnlaugsson zurück.

7.4. Kreml-Chef Władimir Putin deklariert in St. Petersburg Korruptionsvorwürfe als anti-russische westliche Kampagne, nachdem enthüllt wurde, dass über panamaische Scheinfirmen seines langjährigen Freundes, des Cellisten Sergej Roldugin, umgerechnet astronomische 175 000 Millionen Euro geflossen sein sollen.

8.4. Nachdem der Name des Börsenmaklers Ian Donald Cameron in den »Panama Papers« aufgetaucht war, muss der britische Premierminister David Cameron auf Druck der Medien einräumen, an der Briefkastenfirma »Blairmore Trust« seines Vaters beteiligt gewesen zu sein – als Investment in Fremdwährungen. Von seinen Anteilen habe er sich allerdings vor seinem Amtsantritt als Regierungschef 2010 wieder getrennt.

11.4. Arsenij Jazenjuk tritt als Ministerpräsident der Ukraine zurück. Mit Wolodymyr Hrojsman wird am 14. April ein enger Vertrauter von Präsident Petro Poroschenko als Nachfolger gewählt.

13.4. Ungeachtet des seit fünf Jahren tobenden Bürgerkriegs wird in Syrien turnusgemäß ein neues Parlament gewählt – jedoch nur in den von der Assad-Regierung kontrollierten Regionen. Oppositionsseitig wurde deshalb zum Boykott dieser Farce aufgerufen.

15.4. Die Satire-Causa Jan Böhmermann wird zur deutsch-türkischen Staatsaffäre. In seiner ZDF-Fernsehsendung »Neo Magazine Royale« am 31. März trägt der Satiriker als »Schmähkritik« angekündigte 24 wenig schmeichelhafte Knittelverse über den türkischen Staatspräsidenten Erdoğan vor – als Antwort auf dessen Reaktion zur ARD-Satiresendung »extra 3« vom 17. März mit dem Lied »Erdowie, Erdowo, Erdoğan«, das zur Einbestellung des deutschen Botschafters in Ankara ins türkische Außenministerium führte. Am 10. April

SONDERBRIEFMARKEN DER ROYAL MAIL ANLÄSSLICH DES 90. GEBURTSTAGS DER BRITISCHEN KÖNIGIN ELIZABETH II. AM 21. APRIL

Das Aha-Zitat des Monats

»ICH HABE MIR EINE LANDKARTE ERSTELLEN LASSEN, IN DER DER SCHENGEN-RAUM IN EINER FARBE UND DIE NACHBARLÄNDER IN EINER ANDEREN FARBE DARGESTELLT SIND. SIE SEHEN, DASS EUROPA MIT VIELEN NACHBARN GESEGNET IST... MIT BLICK AUF DIE KANARISCHEN INSELN KÖNNEN SIE DIE WESTSAHARA NOCH HINZUZÄHLEN.«

Bundeskanzlerin Angela Merkel wartet nach einem geographischen Nachhilfe-Briefing bei einer Rede am 8. April mit fundamentalen Erkenntnissen auf

fordert die türkische Regierung offiziell eine Strafverfolgung Böhmermanns gemäß § 103 StGB (Beleidigung von Organen und Vertretern ausländischer Staaten). Bundeskanzlerin Angela Merkel erklärt fünf Tage später in Berlin, dem Verlangen wegen dieses »bewusst verletzenden« Schmähgedichts entsprechen zu wollen.

17.4. Mit der erforderlichen Zweidrittelmehrheit stimmt die brasilianische Abgeordnetenkammer für die Einleitung eines Amtsenthebungsverfahrens gegen Präsidentin Dilma Rousseff wegen deren Umgang mit Staatsgeldern.

19.4. Im Zentrum von Afghanistans Hauptstadt Kabul sterben bei einem Selbstmordattentat der islamistischen Taliban-Terroristen über 60 Menschen, mindestens 340 werden verletzt.

POP-EXZENTRIKER PRINCE († 21. APRIL)

21.4. Großbritanniens Queen Elizabeth II. begeht ihren 90. Geburtstag, der jedoch traditionell erst im Juni gefeiert werden wird, weil dann besseres Wetter zu erwarten steht. – Trotz seines bescheidenen Körpermaßes von nur 158 Zentimetern avancierte der amerikanische Sänger, Komponist, Songwriter und Multiinstrumentalist Prince zu einem der Größten im internationalen Pop-Musikgeschäft. Eine Überdosis des Schmerzmittels Fentanyl beendet im Alter von 57 Jahren in Minnesota das Leben der Pop-Ikone.

24.4. Gemeinsam mit Bundeskanzlerin Merkel eröffnet US-Präsident Barack Obama in Hannover die Industriemesse, bei der die USA erstmals Partnerland sind. Tags darauf findet auf Schloss Herrenhausen eine Art informelles Gipfeltreffen statt, an dem auch Frankreichs Präsident Hollande, der britische Regierungschef Cameron, der italienische Ministerpräsident Renzi sowie EU-Kommissions-Präsident Juncker teilnehmen.

27.4. Das österreichische Parlament verabschiedet in Wien eine drastische Verschärfung des Asylrechts. Im Falle eines starken Zustroms von Flüchtlingen kann künftig ein Notstand ausgerufen werden. Schutzsuchende können direkt an der Grenze wieder zurückgeschickt werden, und es bleibt ihnen verwehrt, einen Asylantrag in Österreich zu stellen.

30.4. Drei Jahre nach Gründung beschließt die rechtspopulistische Alternative für Deutschland (AfD) auf ihrem Bundesparteitag in Stuttgart erstmals ein 74-seitiges Grundsatzprogramm, das vor allem stark anti-islamisch geprägt ist, in dem aber auch der Klimawandel geleugnet und die Wiedereinführung der Wehrpflicht gefordert wird.

DER ZDF-MODERATOR JAN BÖHMERMANN, DER SICH ALS SATIRIKER »ERDREISTET«, KEIN BEJUBLER DES TÜRKISCHEN PRÄSIDENTEN ERDOĞAN ZU SEIN

MAI

FRIEDEN IST ALTERNATIVLOS
Bei einer tiefbewegenden Zeremonie im Beisein Tausender von Jugendlichen aus Deutschland und Frankreich gedenken Bundeskanzlerin Angela Merkel und Staatspräsident Francois Hollande am 29. Mai in der Nationalnekropole Douaumont, in der die Gebeine von 130 000 nicht identifizierter Soldaten beider Seiten ruhen, der Schlacht von Verdun im Ersten Weltkrieg von vor 100 Jahren, die zehn Monate währte, 300 000 Tote sowie 400 000 Verletzte forderte und zum Inbegriff der Sinnlosigkeit von Krieg wurde.

Mai 2016

»BUNTE REVOLUTION«
Unter diesem Rubrum formiert sich im politisch unruhigen Balkanstaat Mazedonien zunehmend stärker eine Protestbewegung gegen Präsident Gjorge Ivanov, seit dieser Mitte April eine Amnestie für 56 Politiker und hohe Staatsbedienstete verfügte, gegen die eine Sonderstaatsanwaltschaft wegen Korruption, Wahlfälschungen und eines Abhörskandals Ermittlungen aufgenommen hatte. Mit Farbbeutelwürfen gegen öffentliche Gebäude bringen die Regierungsgegner nahezu täglich ihren Protest demonstrativ zum Ausdruck. Das Foto oben vom 9. Mai dokumentiert die attackierte Porta Makadonija in der Hauptstadt Skopje, der Schnappschuss vom 30. Mai (Foto rechts) zeigt einen Demonstranten, der sich vorsichtshalber für seinen Farbbeutel-Einsatz mit einer Klebemaske unkenntlich macht.

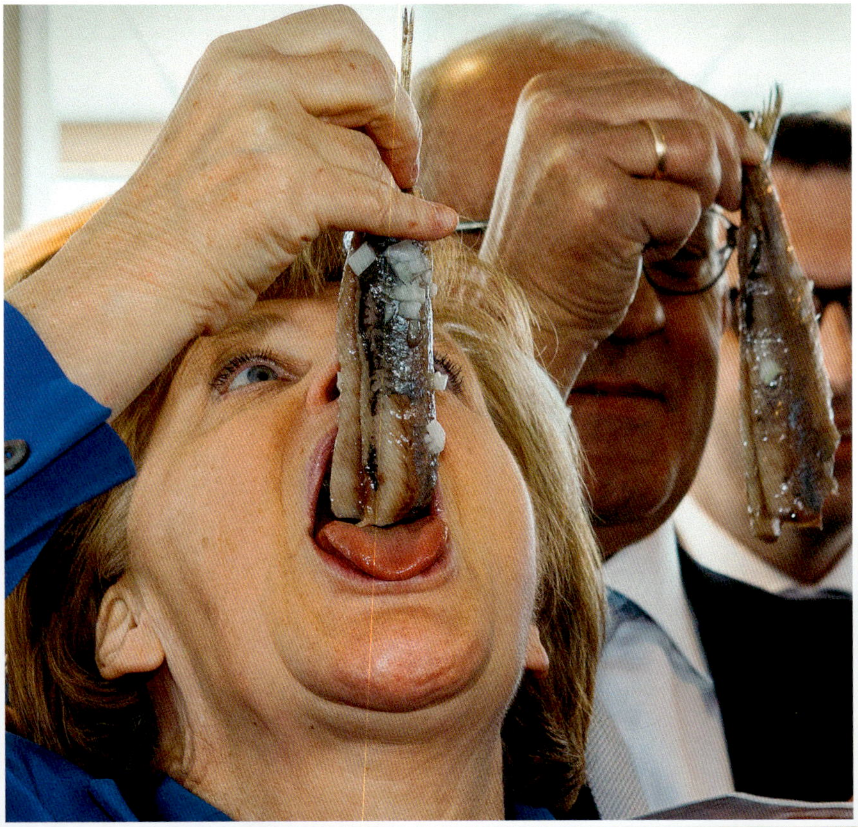

NICHT SO IHR DING

Sich für sie optisch vorteilhaft für die sie stets begleitenden Meute der Fotojournalisten in Szene zu setzen, gehört im Gegensatz zu der in dieser Hinsicht begabten Verteidigungsministerin von der Leyen auch beim Besuch des Europäischen Astronautenzentrums in Köln am 18. Mai nicht zu den Stärken von Bundeskanzlerin Angela Merkel (Foto unten). Erinnert in diesem Zusammenhang sei etwa nur an die Schiffstaufe eines Fischerei-Trawlers in Sassnitz ein Jahr zuvor am 26. Mai 2015 (Foto links).

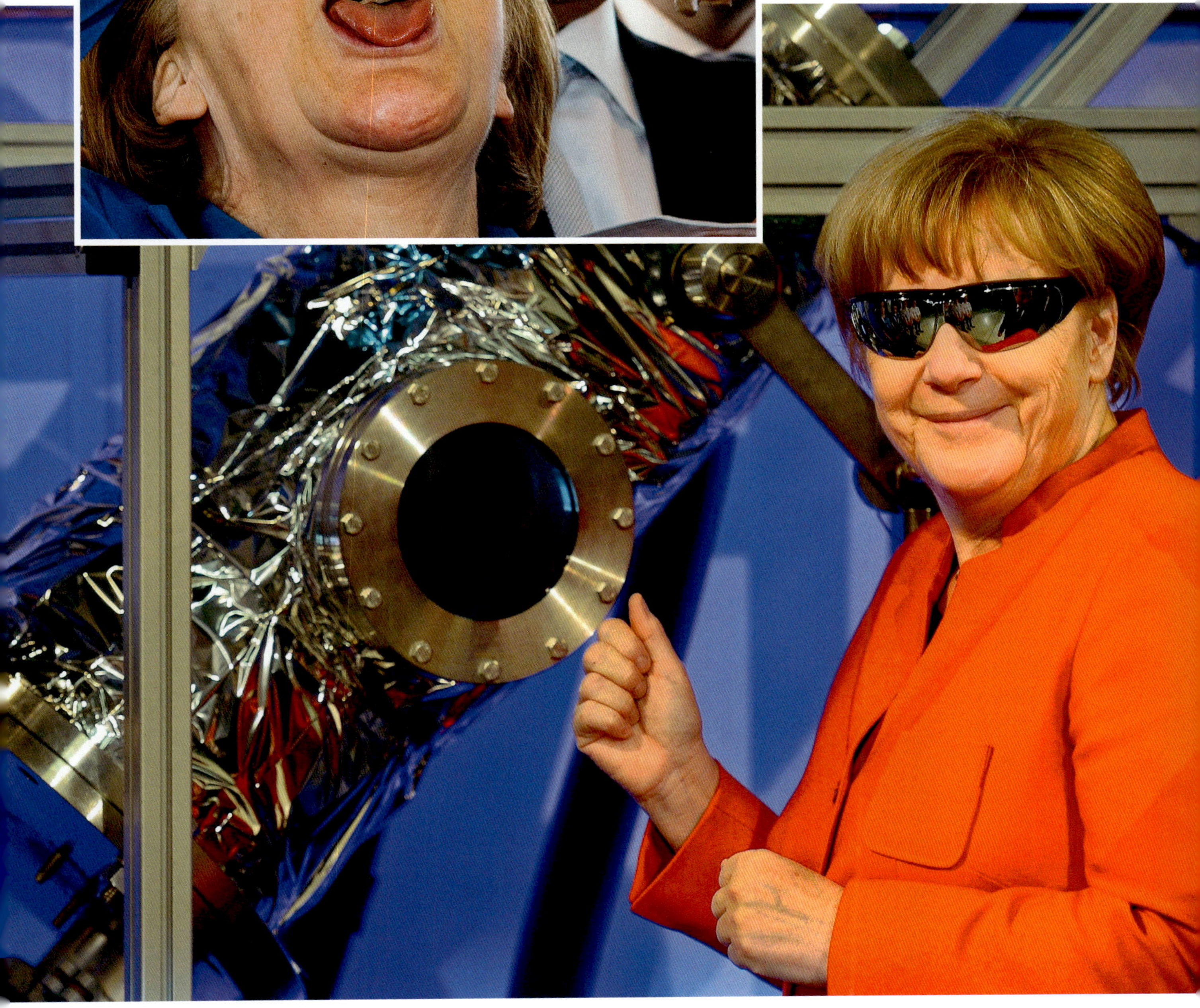

MAI 2016

VERSCHOLLEN IM FAHNENMEER
So zumindest wirkt US-Präsident Obama anlässlich seines ersten Besuchs im kommunistischen Vietnam bei seinem Auftritt im National Convention Center in Hanoi am 24. Mai. Zu dem ehemaligen Kriegsgegner (1955-1975) unterhalten die Vereinigten Staaten überhaupt erst seit 1995 wieder diplomatische Beziehungen. Überraschend verkündet Obama die endgültige Aufhebung des seit 50 Jahren bestehenden Waffenembargos gegen das Land. Die Gründe hierfür sind strategischer Natur und hängen mit den territorialen Ansprüchen Pekings im Südchinesischen Meer zusammen, das zu weiten Teilen auch Vietnam für sich reklamiert (Foto oben).

IS-TERRORWÜTEN IN SYRIEN
Der Anschlagwahnsinn der fanatischen Dschiadisten tobt weiter. In der vom Assad-Regime kontrollierten Küstenregion explodieren in den Städten Tartus (Foto rechts) und Dschableh mehrere Bomben, die über 150 Zivilisten der alawitischen Bevölkerung das Leben kosten.

NASSES MASSENGRAB MITTELMEER
Die von der italienischen Marine freigegebenen Aufnahmen zeigen das dramatische Kentern eines mit menschlicher Fracht völlig überladenen Flüchtlingsbootes im Mittelmeer am 25. Mai. Seit die Balkanroute nach Nordeuropa über Land quasi dicht ist, riskieren immer mehr Menschen ihr Leben auf der gefährlichste Flüchtlingsroute der Welt übers Mittelmeer von Libyen nach Italien. Nach Angaben der Internationalen Organisation für Migration (IOM), der 165 Mitgliedsstaaten angehören, sterben dabei allein im Monat Mai 1138 Menschen, womit sogar die bisherige traurige Rekordmarke aus dem April 2015 (1113) übertroffen wird.

LECKER, LECKER – SCHEINBAR OHNE ENDE

250 Pizzabäcker aus aller Herren Länder fabrizieren am 19. Mai im süditalienischen Neapel auf Einladung des örtlichen Pizzabäcker-Verbandes gemeinsam in etwas mehr als sechs Stunden aus 2000 Kilo Mehl, 1600 Kilo Tomaten, 2000 Kilo Mozzarella, 200 Litern Öl und 30 Kilo Basilikum eine 1,8 Kilometer lange Weltrekord-Pizza Margherita (Foto rechts).

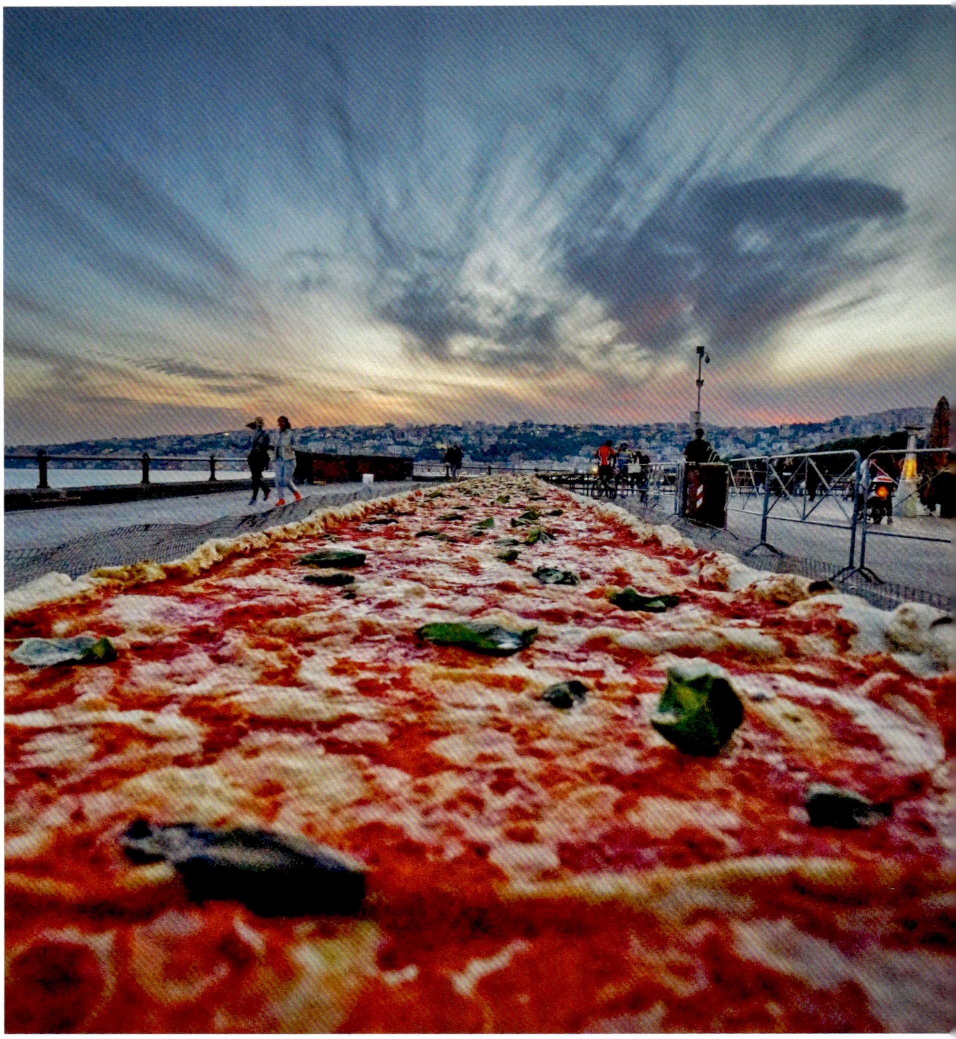

KATASTROPHENALARM IN SPANIEN

In der Region Kastilien-La Mancha bricht am 13. Mai auf einer wilden Mülldeponie, die in den 90-er Jahren illegal angelegt wurde und auf der mittlerweile Millionen Altreifen auf einer Fläche von mehr als einem Dutzend Fußballfeldern lagern, ein Großbrand aus, den Feuerwehren aus Toledo und Madrid versuchen, unter Kontrolle zu bekommen. Für die von den schwarzen Giftwolken bedrohte Kleinstadt Seseña wird Katastrophenalarm gegeben, und die Bewohner sind dringend aufgefordert, sich keinesfalls mehr ins Freie zu begeben und die Türen und Fenster ihrer Häuser geschlossen zu halten (Foto unten).

BERLIN FEIERT BUNT-FRÖHLICH
Phantasievoll verkleidete Kinder nehmen am 14. Mai am Kinderkarnevals-Umzug der Kulturen durch Kreuzberg teil, der unter dem Motto »20 Jahre mit Gebrüll« steht (Foto links).

FEUERWEHRPARADE MÜNCHEN
Die bayerische Landeshauptstadt feiert am 29. Mai das 150-jährige Bestehen ihrer Feuerwehr mit einem Korso von insgesamt 400 historischen Löschfahrzeugen (Foto Mitte).

»RHEIN IN FLAMMEN«
Zu Zehntausenden strömen am 7. Mai die Menschen in die Bonner Rheinauen, um dieses alljährlich stattfinde Groß-Feuerwerks-Spektakel live mitzuerleben (Foto unten).

MAI 2016

...UND NUN ZUM WETTER

Im Monat Mai fällt es mehr als bescheiden aus, von Frost über Starkregen bis hin zu schweren Gewittern mit Sturmböen und Hagel reicht die meteorologische Palette. Selbst ein für die Benutzung kostenpflichtiges Fernglas am Ostseestrand von Hohwacht (Schleswig-Holstein) scheint deswegen zu schmollen (Foto links).

»SOLAR IMPULSE 2«

Bei ihrem Versuch, allein mit dem Antrieb durch Sonnenenergie die Welt zu umrunden, startet das Solarflugzeug nach seinem Zwischenstopp im amerikanischen Bundestaat Arizona am 12. Mai noch bei Dunkelheit vom Phoenix Goodyear Airport zum Weiterflug nach Tulsa (Oklahoma) (Foto unten).

HER ROYAL HIGHNESS MAL ZWEI

Ein drei Meter hohes Blumenprofil ist das diesjährige Wahrzeichen der Chelsea Flower Show in London, die am 23.Mai persönlich zu besuchen die britische Queen Elizabeth II. sich nicht nehmen lässt (Foto rechte Seite).

ANLÄSSLICH DES 40-JÄHRIGEN BESTEHENS DES DIAKONISCHEN ANNASTIFT- BERUFSBILDUNGSWERKS IN HANNOVER, DAS BEHINDERTE JUNGE MENSCHEN IN ÜBER 30 BERUFEN AUSBILDET, APPELLIERT BUNDESWIRTSCHAFTSMINISTER SIGMAR GABRIEL AM 19. MAI AN DIE UNTERNEHMERSEITE, MEHR ARBEITSPLÄTZE FÜR DIESE PERSONENGRUPPE ZUR VERFÜGUNG ZU STELLEN. DAS FOTO ZEIGT IHN IM GESPRÄCH MIT RAUL KRAUTHAUSEN, DER DIE VERANSTALTUNG MODERIERTE

1.5. Der Feiertag, in Berlin in der Vergangenheit berüchtigt für links-autonome Gewaltexzesse bei der »Revolutionären 1. Mai-Demo«, verlief diesmal weitgehend friedlich, Zehntausende Bürger genossen in Kreuzberg auf der Straße entspannt ihr »Myfest«, lediglich bei der Demonstration »Grenzenloser Widerstand – gegen Krieg und Kapital« mit etwa 15 000 Teilnehmern kam es kurzfristig am Lausitzer Platz zu vereinzelten Stein- und Flaschenwürfen gegen Polizisten, die zu sofortigen Festnahmen der vermummten Randalierer führten.

4.5. Um Terrorfinanzierung und Geldwäsche zu erschweren, geben die europäischen Notenbanker in Frankfurt bekannt, die Ausgabe von 500-Euro-Scheinen mit Auslaufen des Jahres 2018 einzustellen.

5.5. Die Türkei steht vor einer Regierungskrise. In Ankara kündigt nach internen Machtkämpfen mit Präsident Recep Tayyip Erdogan Ministerpräsident Ahmet Davutoglu seinen Rücktritt als AKP-Partei- und Regierungschef an.

7.5. Mit dem Labour-Politiker Sadiq Khan, Rechtsanwalt und Sohn eines eingewanderten pakistanischen Busfahrers, wird erstmals ein sunnitischer Muslim zum Bürgermeister der Millionenstadt London gewählt.

9.5. Österreichs wegen seiner Haltung in der Flüchtlingsfrage umstrittener Bundeskanzler Werner Faymann – und nach der Wahlschlappe seiner SPÖ beim 1. Wahlgang zur Bundespräsidentenwahl am 24. April stärker noch angeschlagen – tritt überraschend von seinen sämtlichen Ämtern zurück. – Nachdem der Internationale Sportgerichtshof (CAS) in Lausanne die Suspendierung des französischen Fußballfunktionärs Michel Platini vom Oktober 2015 durch die FIFA-Ethikkommission wegen der Entgegennahme dubioser »Honorar«-Zahlungen bestätigt, tritt der bisherige UEFA-Präsident auch formal von seinem Posten zurück.

11.5. Die sunnitische Terrorvereinigung IS, für die muslimische Schiiten als Ungläubige gelten, brüstet sich in einer Online-Botschaft mit einer Autobomben-Anschlagserie, die in Iraks Hauptstadt Bagdad nahezu 100 Todesopfer fordert.

12.5. In Brasilien wird im Rahmen des laufenden Amtsenthebungsverfahren Präsidentin Dilma Rousseff vom Senat für 180 Tage suspendiert und Michel Temer zum Interimspräsidenten bestellt.

14. 5. Den Eurovision Song Contest in Stockholm gewinnt die ukrainische Sängerin Jamala als weiblicher Polit-Barde mit »1944«, einem Song über die damalige Verschleppung von Krim-Tataren.

17.5. Als politischer Quereinsteiger wird das Vorstandsmitglied der ÖsterreichischenBundesbahnen mit SPÖ-Parteibuch, Christian Kern, neuer Bundeskanzler Österreichs an der Spitze der SPÖ-ÖVP-Regierungskoalition.

20.5. Das türkische, mehrheitlich von Präsident Erdogans AKP dominierte Parlament beschließt die Aufhebung der Immunität von 138 Abgeordneten, die der Opposition angehören. Erdogan strebt ein auf ihn zugeschnittenes neues, allmächtiges Präsidialsystem an.

IM »DILETTANTENSTADL« (»SÜDDEUTSCHE ZEITUNG«), DEM 61. EUROVISION SONG CONTEST IN STOCKHOLM AM 14. MAI, BELEGT JAMIE-LEE (KRIEWITZ) AUS HANNOVER IMMERHIN DEN GLORREICHEN LETZTEN PLATZ

Das Aha-Zitat des Monats

»EIN JAHR VERGEHT IM INTERNET IN WENIGEN WOCHEN«

Sigmar Gabriel, SPD-Bundeswirtschaftsminister und Nicht-Mitglied im renommierten Computer Chaos Club (CCC), bei der zweitägigen Kabinettsklausurtagung auf Schloss Meseberg (Brandenburg) am 24./25. Mai.

23.5. Nach Auszählung der Briefwahlstimmen obsiegt bei der Stichwahl zum österreichischen Bundespräsidenten Alexander Van der Bellen (Grüne) gegenüber dem rechtspopulistischen Kan- didaten der FPÖ, Norbert Hofer, denkbar knapp, der mit einer Wahl-Anfechtungsbeschwerde wegen Unregelmäßigkeiten bei der Auszählung beim Verfassungsgericht in Wien am 1. Juli durchkommt. Neuer Termin zur Wahlwiederholung: 2. Oktober 2016.

24.5. In Griechenland beginnen die Behörden mit der Räumung des Flüchtlingslagers Idomeni an der Grenze zu Mazedonien, in dem unter menschenunwürdigen Verhältnissen etwa 8400 Migranten seit Monaten campieren, denen die Möglichkeit einer Weiterreise nach Nordeuropa auf der gesperrten Balkanroute verwehrt ist. Sie sollen nun in Aufnahmezentren im Landesinneren gebracht werden.

25.5. Rechtsruck in Israel: Ministerpräsident Benjamin Netanjahu (Likud) verständigt sich mit der ultra-nationalistischen Partei Israel Beitenu (Unser Haus Israel) von Ex-Außenminister Avigdor Lieberman auf ein Regierungsbündnis. Die Aufnahme neuer Friedengespräche mit den Palästinensern erscheint bei dieser Konstellation utopisch. – In Leipzig eröffnet Bundespräsident Joachim Gauck den 100. Deutschen Katholikentag, Papst Franziskus sendet eine Videobotschaft in deutscher Sprache, die auf den Marktplatz übertragen wird.

DAS WAR ES DANN WOHL FÜR DEN FÜNFHUNDERTER. DIE EUROPÄISCHE ZENTRALBANK ENTSCHEIDET AM 4. MAI, DIE GRÖSSTE BANKNOTE DER EURO-WÄHRUNGSGEMEINSCHAFT PER ENDE 2018 SUKZESSIVE ABZUSCHAFFEN

28.5. Die Regie für den zweitägigen Bundesparteitag der Linken in Magdeburg, zur Positionsbestimmung unter anderem in Sachen Flüchtlingspolitik – Abschottung und/oder Aufnahmebereitschaft –, gerät bereits an diesem Samstag gehörig durcheinander. Weil Sahra Wagenknecht, Fraktionsvorsitzende im Bundestag zuvor in Sachen Asylrecht bekundet hatte, Aufnahmekapazitäten seien natürlich nicht unbegrenzt, streut urplötzlich unerwartet eine Aktivistin ein »Torten-für Menschenfeinde!«-Flugblatt zwischen die Dele- gierten, während ihr Partner der in vorderster Reihe sitzenden linken Frontfrau eine Torte ins Gesicht wirft.

30.5. Aufgrund von Überproduktion überflutet eine Michschwemme mittlerweile den Markt, Molkereien honorieren den Erzeugern den Liter allenfalls noch mit 20 Cent, zu wenig, um kostendeckend zu produzieren. Auf dem »Milchgipfel« in Berlin mit dem Deutschen Bauernverband sagt CSU-Landwirtschaftsminister Christian Schmidt Soforthilfen in Höhe von 100 Millionen Euro für die Betroffenen zu.

AUF DEM BUNDESPARTEITAG DER LINKEN AM 28. MAI IN MAGDEBURG KOMMT ES ZUM EKLAT: AKTIVISTEN ATTACKIEREN DIE BUNDESTAGSVORSITZENDE, SAHRA WAGENKNECHT, WEGEN IHRER ÄUSSERUNGEN ZUM ASYLRECHT MIT EINER BRAUNEN SCHOKO-SAHNETORTE

SCHICKSALSFRAGE BREXIT
Der Meinungsstreit über das Für und Wider eines Verbleibs von Großbritannien in der EU wird im Vorfeld der dazu anberaumten Abstimmung am 23. Juni im Rahmen eines Referendums auf der Insel leidenschaftlich ausgetragen. So fährt etwa eine Fischtrawler-Flotte, deren Skipper für den Brexit sind, am 15. Juni in London demonstrativ die Themse hinauf in Richtung Houses of Parliament.

JUNI

POLICE
POLICE
FISHING
LEAVE
SAVE BRITAIN'S FISH
THE ONLY WAY IS...
BREXIT

JUNI 2016

DIE BRITEN, EUROPA UND DER BREXIT

Als Belgien, die Bundesrepublik, Frankreich, Italien, Luxemburg und die Niederlande 1957 den EU-Vorläufer Europäische Wirtschaftsgemeinschaft (EWG) in Rom gründen, ist Großbritannien nicht mit von der Partie. Erst 1967 beantragt die britische Labour-Regierung unter Harold Wilson formell die Aufnahme, gegen die jedoch Frankreichs Präsident Charles de Gaulle sein Veto einlegt. Nach dessen Rücktritt 1969 zeigt sich sein Nachfolger Georges Pompidou dem britischen Beitrittswunsch aufgeschlossener gegenüber, dem dann zum 1. Januar 1973 entsprochen wird. Bei den Wahlen 1974 im Inselreich erreicht keine der beiden großen Parteien die absolute Mehrheit. Die weiter unter Wilson amtierende Labour-Minderheitsregierung nimmt »Nachbesserungs«-Verhandlungen zu den Verträgen mit der EWG auf. Im April 1975 beschließt das Parlament in London, landesweit das Volk über folgende Frage abstimmen zu lassen: »Sind Sie der Meinung, dass das Vereinigte Königreich Mitglied der Europäischen Wirtschaftsgemeinschaft (des Gemeinsamen Marktes) bleiben sollte?« An vorderster Front der Ja-Kampagne kämpft Margaret Thatcher, seit 1974 Parteivorsitzende der Konservativen (Foto links), die in ihrer Zeit als Premierministerin (1979 bis 1990) dann jedoch zur Euro-Skeptikerin mutiert. Beim Referendum am 5. Juni 1975 votieren die Wähler mit 67,2 Prozent der Stimmen für Europa. Einer der aktivsten und prominentesten Pro-Europa-Werber ist 2016 Michael O`Leary, Chef der irischen Fluglinie Ryanair, der sich einen zweigeteilten Anzug aus Europa-Flagge und Union Jack für seine Auftritte hat schneidern lassen (Foto unten Mitte). Vergebene Liebesmüh dennoch, die Wähler, die am 23. Juni die Wahllokale (engl: polling station) aufsuchen (Foto unten), entscheiden mehrheitlich mit 51,9 Prozent anders. Wahlanalysen zufolge ist es vornehmlich die ältere Generation, die sich von der EU nichts mehr verspricht.

VON WEGEN AUSLAUFMODELL
Bundespräsident Joachim Gauck gibt am 6. Juni seinen Verzicht auf eine weitere Amtszeit aus Altersgründen bekannt. Im Verlauf seiner fünftägigen EU-Partnerreise besucht er am 20. Juni Rumänien und schreitet in Bukarest im Rahmen des offiziellen Empfangsprogramms am Grabmal des Unbekannten Soldaten zur obligatorischen Kranzniederlegung (Foto oben).

WAFFENRUHE?
Trotz aller gegenteiliger Vereinbarungen bekämpfen sich in der Ukraine – von der Weltöffentlichkeit kaum noch beachtet – Regierungstruppen und Rebellen nach wie vor weiter. Das Foto (links) vom 1. Juni zeigt einen prorussischen Separatisten, der sich in der Trümmerlandschaft des Flughafens von Donezk etwas Warmes zu essen kocht.

TERRORZIEL ISTANBUL
Ein dem IS zugehöriges Mörder-Trio, bestehend aus einem Russen, Kirgisen und Usbeken, richtet am 28. Juni im internationalen Atatürk-Flughafen von Istanbul bei einem Selbstmordanschlag ein verheerendes Blutbad mit 44 Toten und mehr als 230 Verletzten an. Das Foto (links) zeigt den anschließend von Polizeikräften abgeriegelten Hauptzugang zum Schauplatz des Geschehens.

TERRORSCHAUPLATZ TÜRKEI
Am 7. Juni sterben bei einem Autobombenanschlag kurdischer Extremisten auf einen Polizeibus in Istanbul elf Menschen, an die vierzig werden verletzt (Foto unten).

»BERLIN FOR ORLANDO«
Unter diesem Motto gedenken am 18. Juni in Berlin auf dem Pariser Platz mehrere tausend Besucher in Form einer Mahnwache der 49 Toten, die am 12. Juni in Orlando (Florida) dem Amoklauf eines homophoben Massenmörders im schwul-lesbischen Club »Pulse« zum Opfer fielen. Um 22 Uhr tauchen Strahler das Brandenburger Tor in die Regenbogenfarben der internationalen homosexuellen Emanzipationsbewegung, und ergriffen stimmen die Menschen Judy Garlands »Over the Rainbow« an (Foto oben).

LAND UNTER
Nach anhaltend starken Dauerregenfällen kommt es Anfang Juni im niederbayerischen Landkreis Rottal-Inn zu schweren Überschwemmungen, die fünf Menschen ihr Leben kosten. Besonders betroffen ist die Kleinstadt Simbach. Dort wälzen sich am 1. Juni braune Wassermassen flutwellenartig durch den Ort (Foto rechts) und hinterlassen Schneisen der Verwüstung.

JUNI 2016

»THE FLOATING PIERS«
So nennt der in Bulgarien geborene Künstler Christo (81) seine gigantische Installation auf dem italienischen Lago d`Iseo. 220 000 Polyäthylen-Auftriebskörper, mit 100 000 Quadratmetern orange leuchtender Stoffbahnen überzogen, führen als schwimmende, begehbare Stege mit einer Länge von drei Kilometern zu und um die Inselchen San Paolo und Monte Isola herum. 1,3 Millionen Besucher nehmen im Zeitraum vom 18. Juni bis 3. Juli die Gelegenheit wahr, um auf dem nur temporär existierenden Landschaftskunstobjekt (Gestehungskosten rund 15 Millionen Euro) kostenlos über das Wasser zu wandeln (Foto oben).

KATASTROPHEN-FESTIVAL
90 000 Fans reisen zum dreitägigen Musik-Event »Rock am Ring« ins rheinland-pfälzische Mendig, nur das Wetter will diesmal partout nicht mitspielen. Gleich zu Beginn am 3. Juni werden während eines Gewitters 71 Personen durch Blitzschlag verletzt. Nach weiteren Unwetterwarnungen für den Sonntag wird die Veranstaltung am 5. Juni abgebrochen, den Fans bleibt nur noch der Abmarsch durch das Matschgelände (Foto oben).

BAD HERSFELDER FESTSPIELE

Bei deren festlicher Eröffnung am 24. Juni stolzieren nicht nur die vom Intendanten und Regisseur Dieter Wedel scharenweise eingeladenen Promis und allseits bekannten »Fernsehnasen« über den berühmten roten Teppich, sondern auch diese zwei Herren ohne Kopf (Foto links).

IKONEN DER KUNST

In einer monographischen Sonderausstellung zeigt das Frankfurter Städel Museum vom 30. Juni an (bis 23. Oktober) 70 der berühmten »Helden«-Bilder gescheiterter Existenzen von Georg Baselitz (Jahrgang 1938), die als Schlüsselwerke der deutschen Kunst der 1960er Jahre gelten. Am Vortag der Eröffnung inspiziert der Künstler persönlich diese Retrospektive (Foto unten).

FÜR EIN MILLIONENPUBLIKUM VOR DEN FERNSEHERN WAR ER VON 1981 AN IN 29 FOLGEN 32 JAHRE LANG IN DER ARD-»TATORT«-REIHE SCHIMANSKI, DER RUHRPOTT-RAMBO-KOMMISSAR MIT DER BEIGE-GRAUEN FELDJACKE: GÖTZ GEORGE. MIT 77 JAHREN IST NUN DIESER GRANDIOSE SCHAUSPIELER NACH KURZER KRANKHEIT AM 19. JUNI IN HAMBURG VERSTORBEN. DAS FOTO STAMMT AUS DEM 20. SCHIMANSKI-»TATORT«, »DER POTT« (1998), UND ZEIGT GÖTZ GEORGE AN DER SEITE SEINES FILM-KRIMINALKOLLEGEN THANNER (EBERHARD FEIK, † 1994)

1.6. In der Schweiz wird nach 17 Jahren Bauzeit und Kosten von elf Milliarden Euro der Gotthard-Basistunnel eröffnet, mit einer Länge von 57 Kilometern der bislang längste Tunnel der Welt – vor dem japanischen Seikan-Tunnel zwischen den Inseln Honshu und Hokkaido (53,8 Kilometer) und dem Eurotunnel unter dem Ärmelkanal (50,5 Kilometer). Bis zu 65 Personen- sowie 260 Güterzüge sollen künftig täglich in 2 300 Metern Tiefe unter dem Gebirgsmassiv durch die Superröhren rauschen.

2.6. Der Deutsche Bundestag verabschiedet in einer Aufarbeitung zur Geschichte die Armenien-Resolution. In dieser Erklärung wird die Ermordung von 1,5 Millionen Armeniern im Ersten Weltkrieg 1915 durch das Osmanische Reich, dessen Rechtsnachfolger die Türkei ist, als Völkermord gebrandmarkt. Da Deutschland seinerzeit mit dem Osmanischen Reich verbündet war, heißt es in dem Text aber auch: »Das Deutsche Reich trägt eine Mitschuld an den Ereignissen.«

3.6. Durch Blitzeinschläge werden beim Musikfestival »Rock am Ring« in Mendig (Rheinland-Pfalz), zu dem sich 90 000 Fans eingefunden haben, während eines Unwetters 71 Besucher verletzt, acht davon schwer, zwei von ihnen müssen wiederbelebt werden. – Südlich der griechischen Insel Kreta ereignet sich ein neues Flüchtlingsdrama, als ein überladenes Boot mit mutmaßlich 700 Menschen an Bord kentert, von denen nur etwa 350 aus dem Meer gerettet werden können.

6.6. Bundespräsident Joachim Gauck gibt in Berlin seinen Verzicht auf eine Kandidatur für eine zweite Amtszeit aufgrund seines fortgeschrittenen Alters bekannt. Anberaumter Termin für die Wahl eines Nachfolgers als neues Staatsoberhaupt ist der 12. Februar 2017.

7.6. In der seit Monaten von Attentaten heimgesuchten Türkei sterben in Istanbul bei einem Autobombenanschlag auf einen vorbeifahrenden Polizeibus elf Menschen, 36 werden teils schwer verletzt. Drei Tage danach bekennen sich die militanten »Freiheitsfalken Kurdistans« zu diesem Terrorakt.

10.6. In seiner Heimatstadt Louisville, Kentucky, nehmen Tausende Abschied von der Box-Legende Muhammad Ali, nachdem der an Parkinson leidende ehemalige Weltmeister am 3. Juni in Phoenix 74-jährig verstorben war. Als Hauptredner bei den Trauerfeierlichkeiten fungiert der amerikanische Expräsident Bill Clinton, der die Lebensleistung dieses in vielerlei Hinsicht außergewöhnlichen Mannes würdigt. Der türkische Präsident Erdoğan, der Koranverse vortragen wollte, ist zuvor bereits wieder beleidigt abgereist, weil ihm dies von den Organisatoren verwehrt worden war.

12.6. Beim »tödlichsten Massaker der US-Geschichte«, so Präsident Obama, stürmt ein bewaffneter 29-Jähriger den Nachtclub »Pulse«, einen Schwulentreff in Orlando (Florida), und richtet ein Blutbad mit 49 Toten und 53 Verletzten an, bevor er bei einem Feuergefecht von der Polizei getötet wird.

14.6. Ein 25-jähriger vorbestrafter Franzose, bekennender IS-Dschihadist, tötet im Pariser Vorort Magnanville ein Ehepaar, beide Angehörige der

MUHAMMAD ALI – »DER GRÖSSTE«

*17.1.1942 in Louisville (USA) als Cassius Marcellus Clay

† 3.6.2016 in Phoenix (USA)

Sportliche Karriere

1954	Debüt als Amateurboxer
1960	Olympiasieg im Halbschwergewicht und letzter Amateurkampf
1964	Gewinn des WM-Titels als Schwergewichts-Profi gegen Sonny Liston
1967	Entzug der Boxlizenz und Verlust der WM-Titel (Verbände WBA, WBC) wegen Kriegsdienstverweigerung
1970	Comeback mit einem K.o.-Sieg gegen Jerry Quarry
1971	Erste Profi-Niederlage gegen Joe Frazier
1974	„Rumble in the Jungle": K.o.-Sieg gegen George Foreman, Rückeroberung der WM-Titel von WBA und WBC
1975	„Thrilla in Manila": Sieg gegen Joe Frazier durch technisches K.o.
1978	Verlust der WM-Titel bei Niederlage gegen Leon Spinks, später Rückeroberung
1979	Rücktritt vom Boxsport
1980	Comeback gegen Weltmeister Larry Holmes, Punkt-Niederlage
1981	Letzter Kampf auf den Bahamas gegen Trevor Berbick, deutliche Punkt-Niederlage

Weitere wichtige Stationen seines Lebens

1964	Übertritt zum Islam
1984	Parkinson-Diagnose
1996	Ali enzündet des olympisches Feuer in Atlanta
2000	Auszeichnung als „Sportler des Jahrhunderts"
2012	Auszeichnung mit Freiheitsmedaille für soziales Engagement

Das Aha-Zitat des Monats

»INNOVATIONEN, IT-TECHNOLOGIEN, PRIVATISIERUNG – ALL DAS IST KLAR. DAS HABEN WIR UNS SCHON ZU EIGEN GEMACHT. DOCH UNSER LEBEN IST EINFACH: SICH AUSZIEHEN UND ARBEITEN.«

Weißrusslands autoritärer Langzeitpräsident (seit 1994), Alexander Lukaschenko, am 24. Juni in seiner Minsker Grundsatzrede vor der Volksversammlung zur Lage im Land und der Wirtschaftskrise; mit Temperaturen zwischen 17 und 22 Grad war es an diesem Tag in der Hauptstadt allerdings nicht gerade schweisstreibend heiß

Nationalpolizei, in deren Haus und streamt seine Untat live bei Facebook; der Mörder selbst stirbt danach beim Einsatz einer Anti-Terroreinheit.

16.6. Eine Woche vor dem Brexit-Referendum in Großbritannien überlebt die Labour-Abgeordnete im Unterhaus, Jo Cox (41), und Befürworterin eines EU-Verbleibs ihres Landes die Folgen eines gegen sie gerichteten Attentats nicht. In Birstall wird sie auf offener Straße nach einer Bürgersprechstunde von einem 52-Jährigen angeschossen und niedergestochen. Über das Tatmotiv herrscht Unklarheit.

17.6. Auf seiner Ratssitzung in Wien verlängert der Weltleichtathlethikverband IAAF seinen im November 2015 verhängten Ausschluss des russischen Leichtathletikverbandes von internationalen Wettbewerben wegen systematischen Dopings mit staatlicher Unterstützung auf unbestimmte Zeit.

20.6. Das Parlament des jüngsten und 28. EU-Mitglieds Kroatien (seit 1. Juli 2013) löst sich vier Tage nach dem Sturz von Ministerpräsident Tihomir Orešković (unter anderem wegen Korruptionsvorwürfen) selbst auf und votiert für Neuwahlen im September.

23.6. In Großbritannien findet das Referendum über einen weiteren Verbleib des Vereinigten Königreichs in der EU statt, welches Premier David Cameron als Parteichef der Konservativen im Wahlkampf 2013 der Bevölkerung versprochen hatte. Die Wahlbeteiligung liegt bei 72,2 Prozent.

24.6. England will raus aus der EU, das Brexit-Ergebnis steht fest: 51,9 Prozent der Wähler sind mehrheitlich dafür, 48,1 Prozent votierten für den EU-Verbleib – wie auch die Wählermehrheiten in Nordirland und Schottland; Cameron, der zu den Befürwortern gehört, kündigt seinen Rücktritt an.

26.6. Ein halbes Jahr nach dem letzten Urnengang im Dezember sind die Spanier erneut aufgerufen, ein neues Parlament zu wählen, nachdem es die vier größten Fraktionen seitdem nicht vermochten, sich auf eine Regierungskoalition zu verständigen. Die Konservativen des weiteramtierenden Ministerpräsidenten Mariano Rajoy verzeichnen zwar Stimmenzugewinne, doch eine absolute Mehrheit verfehlen sie deutlich. Der Polit-Machtpoker dürfte sich daher unvermindert fortsetzen.

28.6. Drei dem IS-Terrorwahnsinn zugerechnete Selbstmordattentäter aus Russland, Usbekistan und Kirgisien richten auf dem internationalen Atatürk-Flughafen von Istanbul ein verheerendes Blutbad an, das 44 Tote und über 230 Verletzte fordert.

30.6. In Afghanistans Hauptstadt Kabul fordert ein Anschlag der radikalislamistischen Taliban auf einen Polizeikonvoi 30 Todesopfer und 57 Verletzte.

CARLO PEDERSOLI, ZWEIMALIGER OLYMPIA-TEILNEHMER DER ITALIENISCHEN SCHWIMMER (HELSINKI 1952, MELBOURNE 1956, DOTTORE DER JURISPRUDENZ), WURDE ALS BUD SPENCER ALS GUTMÜTIGER WIE SCHLAGKRÄFTIGER HAUDRAUF GEGEN DIE BÖSEN ZUR KULTFIGUR IN ZAHLREICHEN ITALO-WESTERN-KOMÖDIEN AN DER SEITE SEINES FILMPARTNERS TERENCE HILL (MARIO GIROTTI). AM 27.6. ENDET IN ROM DAS LEBEN DES 86-JÄHRIGEN FILMHELDENS. DAS FOTO DER BEIDEN STAMMT AUS EINEM DER ERFOLGREICHSTEN STREIFEN DES DUOS: »VIER FÄUSTE FÜR EIN HALLELUJA« (1971)

FUSSBALL-EM 2016

DIE EM IN FRANKREICH

Vom dräuenden Terroralptraum der islamistischen Wahnsinnsattentate in Paris am 13. November 2015 während des Länderspiels Frankreich–Deutschland permanent überschattet, findet vom 10. Juni bis 10. Juli in Frankreich in zehn Stadien und neun Städten die 15. Austragung der Fußball-Europameisterschaft statt.
Zu Gewaltexzessen durch britische Hooligans kommt es aber leider dennoch am 11. Juni vor der Vorrundenbegegnung England–Russland in Marseille (Foto A).
Zur Verhinderung der EM als eines Festes des Fußballs hatte jedoch schon die UEFA aus Merchandising-Geldgier im Vorfeld mit dem Beschluss gesorgt, das Teilnehmerfeld von zuvor 16 auf 24 Mannschaften aufzublähen. Die Folge: 51 Spiele sind nötig, um den Europameister zu ermitteln. Dazu ein begeisternden Spitzenfußball verhindernder Austragungsmodus in der Vorrunde mit sechs Vierergruppen, aus denen die vier besten Dritten ins Achtelfinale weiterkommen. Gespielt werden muss nicht auf Sieg, sondern es gilt, bloß nicht zu verlieren. Spannung ist damit draußen wie beim vom Schweizer Nationalspieler Valon Behrami beklagten Spielgerät die Luft in der Partie gegen Frankreich (Foto B).
Paradebeispiel für unsäglichen Ergebnisfußball bietet der spätere Europameister Portugal in Gruppe F: 1:1 gegen Island, 0:0 gegen Österreich, 3:3 gegen Ungarn. Ob dieser grotten-schlechten Darbietungen raufen sich die portugiesischen Fans die Haare, was der Superstar Ronaldo nach seinem verschossenen Elfmeter beim 0:0 gegen Österreich am 18. Juni enttäuscht eine Etage tiefer halbwegs dezent nachzuvollziehen vermag (Foto C).
Bleiben schon die allermeisten Partien nicht sonderlich sehenswert, so sind es wenigstens immerhin manche der Rasenakteure – nicht wegen ihrer Spielkunst, sondern eher dank ihrer Frisuren, nicht selten gepaart mit wunderschönen Tätowierungen. Marko Arnautovic (Österreich) etwa (Foto D) oder Radja Nainggolan (Belgien, Foto E); mit patriotischem Kopfschmuck läuft der Kroate Ivan Perisic auf (Foto F); der Belgier Marouane Fellaini versucht mit Löwenmähne Eindruck beim Geg-

A

B

C

ner zu schinden (Foto G), im Viertelfinale am 1. Juli vergebens, denn Wales gewinnt mit 3:1. Im Kontrast dazu mit dem Bickfang »oben nix« der Waliser James Collins (Foto H), der es mit seinem Team sogar bis ins Halbfinale gegen Portugal in Lyon am 6. Juli schafft; im nach Verlängerung mit 1:0 gewonnenen Endspiel gegen Frankreich am 10. Juli in Paris darf dafür der Portugiese Renato Sanches beim Freudensprung nach dem Abpfiff seine Rasta-Locken nur so fliegen lassen (Foto I).
Zu den bekleidungs-technischen Mode-Highlights der EM zählen fraglos auch die Auftritte von Ungarns Torhüter-Opa Gabor Kiraly, 40, und mit Abstand ältester Teilnehmer des Turniers, im mittlerweile sogar kultig gewordenen antiken Trainingshosen-Schlapperlook (Foto J) vom 1:1-Vorrundenspiel gegen Island am 18. Juni in Marseille.
Geschmackvoll auch die Auftritte der Spanier, über deren Dress im Internet gespottet wird, die Spieler sähen darin aus, als seien sie in eine Paella gefallen (Foto K, Sergio Ramos).

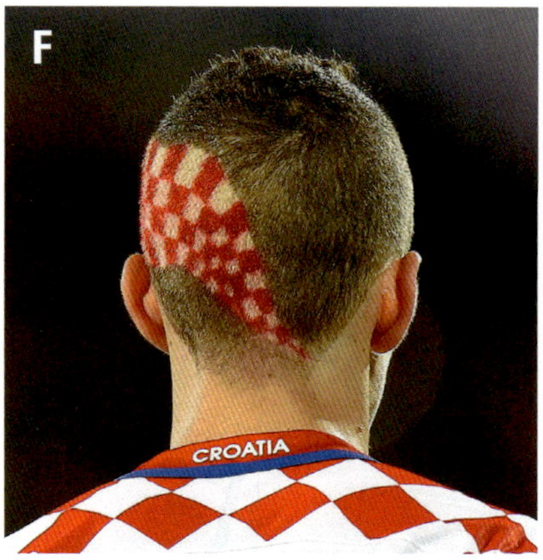

FUSSBALL- EM 2016

Am Trikot des Gegners unerlaubt zu zupfen und zerren ist Usus im Fußball und verbunden mit der Hoffnung, dem Schiedsrichter möge diese Missetat entgehen. Pech damit haben allerdings die Franzosen am 19. Juni in der Vorrundenbegegnung mit der Schweiz in Lille, denn die Leibchen der Eidgenossen überstehen bestens sichtbar keinerlei Kontakte dieser Art, laufende »Klamottenwechsel« für eine regelkonforme Spielbekleidung wie bei Granit Xhaka (Foto L) sind die Folge.

Zum Team der Herzen dieser EM wird Island, eine Mannschaft, die sich aus besseren Freizeit-Kickern (Polizisten, Gefängniswärtern etc.) sowie Spielern in unterklassigen ausländischen Ligen zusammensetzt, gecoacht vom hauptberuflichen Zahnarzt Heimir Hallgrimsson und dem Schweden Lars Lagerbäck. In der Vorrunde der Gruppe F trotzen die »Wikinger« jeweils Portugal sowie Ungarn ein Remis ab und putzen die Österreicher am 22. Juni in Saint-Denis weg. Im Achtelfinale am 27. Juni in Nizza sind dann die Engländer mit einem 1:2 dran, bevor dann am 3. Juli mit der Niederlage gegen Frankreich Schluss mit Weiterkommen ist. Was aber die aus Island in Scharen angereisten Fans nicht darin hindert, ihre Mannschaft zu bejubeln (Foto M) und mit Tausenden von Kehlen den »Schlachtgesang« mit dem grandiosen Text »Hu! Hu! Hu!« zu befeuern.

Freude untersagt: Der walisische Weltstar Gareth Bale, im Solde von Real Madrid, schaut auf dem Rasen des Prinzenpark-Stadions in Paris nach Abpfiff der am 25. Juni mit 1:0 gewonnenen Achtelfinal-Begegnung gegen Nordirland still vergnügt lächelnd seinem aufgekratzt tollenden Töchterchen im Minitrikot zu (Foto N). Doch Szenen wie diese sind den UEFA-Funktionären (als »Familienveranstaltung«) ein Dorn im Auge: Sie verhängen für den Rest des Turniers ein sofortiges Platzverbot für Spielerkinder und obendrein noch eine Geldstrafe für den walisischen Fußballverband.

DER GEPLATZTE TRAUM VOM TITEL. WELTMEISTER DEUTSCHLANDS AUFTRITT IN FRANKREICH

Das DFB-Team bezieht für die Dauer der Europameisterschaft sein Basisquartier in einem Hotel am Genfer See. Der Ort Évian-les-Bains lässt sich den werbeträchtigen Besuch was kosten und stellt zu Ehren der erlauchten Gäste einen überdimensionalen Fußballschuh in Schwarz-Rot-Gold an einer Straßenkreuzung auf (Foto O). Im Verlauf des Turniers wird er sich bei weitem als zu groß für die »Jogi«-Löw-Elf erweisen.

Durch die Spielplansetzung in der Gruppe C bestreitet Deutschland sein erstes Vorrundenspiel am 12. Juni gegen die Ukraine in Lille. In der von beiden Seiten munter offensiv bestrittenen Partie erzielt Shkodran Mustafi in der 19. Minute nach Vorlage von Toni Kroos per Kopf das 1:0. Im Fußball-Gedächtnis verbleiben werden jedoch zwei Szenen mit ganz unterschiedlichen Hauptdarstellern. Jérôme Boateng verspringt in der 37. Minute der Ball unglücklich vom Oberschenkel Richtung eigenes Gehäuse, doch dem Abwehrchef gelingt es, mit einer akrobatischen Glanzleistung, in letzter Sekunde das Eigentor zu verhindern (Foto P). Und dann, wir schreiben die 90. Spielminute, wird Sportverletzungslangzeit-Rekonvaleszent Bastian Schweinsteiger für Mario Götze eingewechselt, und der Nationalmannschaftskapitän besorgt in der zweiten Minute der Nachspielzeit mit einem Rechtsschuss nach Vorlage von Özil den 2:0 Endstand und jubelt strahlend (Foto Q).

Es folgt eine maue, von stürmerischer Tristesse geprägte Nullnummer am 16. Juni gegen Polen im Stade de France in Paris Saint-Denis, bei der Torwart Manuel Neuer mit seinen Paraden und viel körperlichem Einsatz (Foto R) gegen Superstürmer Robert Lewandowski, (seinem polnischen Mannschaftskollegen beim FC Bayern) das 0:0-Unentschieden im wahrsten Sinne des Wortes festhält.

Vor dem dritten Vorrundenspiel ist die tabellarische Ausgangslage klar: Deutschland muss am 21. Juni gegen Nordirland in Paris gewinnen, um sich den Einzug ins Achtelfinale zu sichern. Nur: die Stürmer überbieten sich zunächst inflationär gegenseitig bei der Auslassung bester Torchancen.

Doch mit dem einzigen und alles entscheidenden Tor schießt Mario Gomez, Torschützenkönig der türkischen Liga, die Deutschen ins Achtelfinale (Foto S).
Dort erwartet sie am 26. Juni die Slowakei als nächster Gegner wiederum in Lille. Der überragend aufspielende Abwehrchef Jérôme Boateng erzielt mit einem Kracher aus 20 Metern bereits in der achten Minute das 1:0 (Foto T), den Endstand zum 3:0 in der recht einseitigen Partie besiegeln dann, nachdem Mesut Özil in der 13. Minute einen Elfer lasch geschossen versemmelt, Mario Gomez (43.) und Julian Draxler (63.).
Im Viertelfinale treffen die Deutschen am 2. Juli in Bordeaux auf Angstgegner Italien, gegen den es zuvor bei Turnieren neun Niederlagen gesetzt hatte. Taktischer Sicherheitsfußball auf beiden Seiten prägt die erste Halbzeit. Dem in der 16. Minute für den verletzten Khedira eingewechselten Sebastian Schweinsteiger gelingt zwar in der 27. Minute nach einer Zufallsflanke ein Kopfballtor, dem jedoch der gute ungarische Schiedsrichter Viktor Kassai wegen Stürmerfouls an de Sciglio die Anerkennung versagt. Nach dem Seitenwechsel erhöht die Jogi-Löw-Elf ihre Spielanteile und damit auch die Chancen. Nach glänzender Vorarbeit von Gomez und Hector erzielt Özil in der 65. Minute mit einer Direktabnahme mit links das 1:0 – eine Führung, die nicht lange hält.
Bei einem Eckball der Italiener verursacht Jérôme Boateng unglücklich einen glasklaren Handelfmeter (Foto U), den Bonucci gegen Neuer zum 1:1 verwandelt (78.). Ein Spielstand, an dem sich bis zum Ende der regulären Spielzeit plus Verlängerung nichts mehr ändert. Ein Elfmeterschießen muss die Entscheidung bringen und wird zu einem aberwitzigen Duell, bei dem sieben von achtzehn Schützen die Nerven versagen. Thomas Müller, der als vierter »Vollstrecker« antritt, scheitert am italienischen Keeper; Mesut Özil (6.) trifft nur den Pfosten; Sebastian Schwein-

steiger (10.) ballert übers Tor, den Unglücksraben tröstet hinterher als letztendlicher Verlierer Torwartlegende Gianluigi Buffon (Foto V). Welch eine Sportgröße! Den Fußballheldenstatus erwirbt Manuel Neuer, der im Tor die Elfer von Bonucci (Foto W) als auch von Darmian pariert; Matchwinner wird Jonas Hector, der den entscheidenden Treffer zum 6:5 setzt.
Ein Zittersieg beschert das Halbfinale. Austragungsort ist Marseille, und der Gegner am 7. Juli heißt Frankreich. Pechvogel Sebastian Schweinsteiger leistet sich in der Verlängerung der ersten Halbzeit bei einer von Dimitri Payet getretenen Ecke im Luftkampf mit Patrice Evra ein unglückliches Handspiel (Foto X) und leitet damit Deutschlands Niederlage ein. Den fälligen Elfer verwandelt Antoine Griezmann unhaltbar für Manuel Neuer. Griezmann ist es auch, der in der 72. Minute die DFB-Elf mit dem 0:2 endgültig nach Hause schickt – mit der banal-schmerzhaften Fußball-Erkenntnis: Nicht der Bessere gewinnt, sondern Sieger wird, wer auch die Tore schießt. Portugal und die Equipe Tricolore werden in Paris am 10. Juli das Finale bestreiten.

X

PORTUGAL GEWINNT ERSTMALS DIE EM

Frankreich tut es in Paris Saint-Denis den Deutschen im Halbfinale gleich und scheitert an sich selbst mit vergebenen Chancenauswertungen. Schreckmoment für die Portugiesen: In der 25. Minute muss deren Mega-Star, Weltfußballer Cristiano Ronaldo, nach einer Knieverletzung per Bahre vom Platz getragen werden (Foto 1). Nach der medizinischen Erstversorgung in den Katakomben kehrt Ronaldo jedoch bandagiert an den Spielfeldrand zurück und übernimmt wie selbstverständlich in der Coaching-Zone das Amt von Trainer Fernando Sanchez (Foto 2). Das Spiel bleibt spannend, geht in die Verlängerung. Der alles entscheidende Treffer glückt in der 105. Minute, Eder mit der Mittelstürmernummer neun, der ob dieses »Golden Goal« von seinen Mitspielern natürlich jubelnd gefeiert wird (Foto 3).

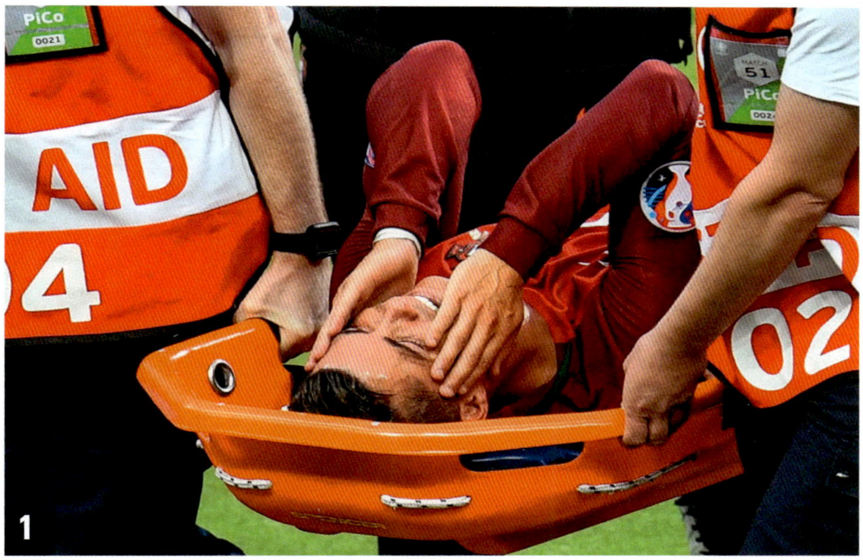

1

2

3

JULI

»WARUM IN DIE FERNE SCHWEIFEN?«
Eine Frage, die auf der Deutschen Lieblingsdichter Johann Wolfgang von Goethe (1749–1832) und dessen Gedicht »Erinnerung« zurückgeht. Karibische Inselträume lassen sich durchaus auch hierzulande, beispielsweise in Bayern, verwirklichen, wie diese Luftaufnahme vom 10. Juli des türkisblauen Eibsees unterhalb der Zugspitze bei Grainau eindrucksvoll zeigt.

JULI 2016

KRAWALLNACHT IN BERLIN

1800 Beamte bietet am 9. Juli die Polizei anlässlich einer Linksautonomen-Demo in Berlin-Friedrichshain auf, die sich gegen die Stadtumwandlung richtet. Es kommt zu massiven Gewaltausschreitungen der linksextremen Gruppierungen, bei denen 123 Polizisten verletzt werden; 86 Randalierer nehmen die Einsatzkräfte fest (Foto rechts).

KISSING HANDS

In früheren Zeiten hatten künftige britische Premierminister vor ihrer Ernennung die Hand des Monarchen zum Zeichen ihrer Loyalität gegenüber der Krone zu küssen. Das hat sich mittlerweile zwar geändert, ein Handschlag genügt, doch der Name der Zeremonie besteht weiter fort. Als Nachfolgerin des zurückgetretenen David Cameron ernennt Queen Elizabeth II. am 13. Juli die Tory-Politikerin Theresa May zur neuen Premierministerin des Landes (Foto rechts unten).

POLITIK ENTSPANNT

Locker lässig wartet Bundesjustizminister Heiko Maas am 13. Juli im Bundeskanzleramt auf den Beginn der Kabinettsitzung, bei der unter anderem auf der Tagesordnung das »prickelnde« Thema »Gesetzentwurf zur Umsetzung der Änderungen der EU-Amtshilferichtlinie« steht, von dem seine Kollegen kaum Ahnung haben dürften (Foto unten).

DIE HORRORNACHT VON NIZZA

Zu Zehntausenden feiert eine fröhliche Menge in der Hafenstadt an der Côte d`Azur am 14. Juli den französischen Nationalfeiertag, als nach Abschluss des obligatorischen Feuerwerks ein IS-Terrorist tunesischer Herkunft mit einem angemieteten weißen LKW (Foto links) in die abgesperrte Uferstraße Promenade des Anglais eindringt und auf einer Fahrstrecke von zwei Kilometern mit seiner Wahnsinnsfahrt 84 Menschen tötet und an die 300 Personen verletzt, bevor er selbst im Kugelhagel der Polizei stirbt. Das Foto unten zeigt die Bergung eines der Opfer durch Rettungskräfte.

JULI 2016

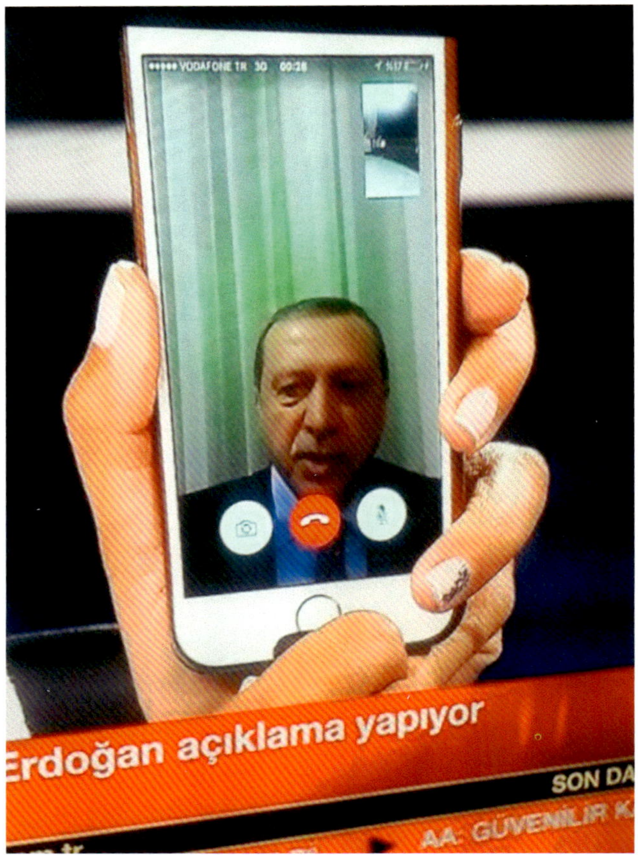

PUTSCH IN DER TÜRKEI

Am 15./16. Juli unternehmen Teile des Militärs den Versuch, Präsident Erdoğan und dessen Regierung zu entmachten, lassen Panzer aufrollen, Bosporus-Brücken in Istanbul sperren, besetzen strategische Punkte (Foto oben links vom Taksim-Platz in Istanbul), Kampfjets bombardieren das Parlamentsgebäude in Ankara. Nach Mitternacht appelliert Erdoğan per Facetime über den Fernsehsender CNN Türk (Foto oben rechts) an seine Landsleute, sich zu wehren und demonstrativ auf die Straße zu gehen. Ein Aufruf, dem landesweit Folge geleistet wird (Foto links Ankara und rechte Seite oben Istanbul). Das Foto rechte Seite unten zeigt einen Polizisten, der auf dem Istanbuler Taksim-Platz einen Soldaten entwaffnet. In den frühen Morgenstunden des 16. Juli ist der Umsturzversuch faktisch am Widerstand der Bevölkerung gescheitert. Dessen erste Bilanz: mehr als 300 Tote und über 2100 Verletzte.

JULI 2016

FASTENENDE
Das Ende des Ramadan feiert am 4. Juli risikoreich ein Mann im malaysischen Kuala Lumpur mit rotierendem Pyromaterial (Foto links).

UNTEN NASS, OBEN TROCKEN
Reispflanzer in Nepal schützen sich am 1. Juli mit ihren geflochtenen Regendächern vor der unvermeidlichen Monsunbegleitung (Foto links Mitte).

ABFANGJÄGER
Für das hinduistische Volk der Tengger im Osten Javas bildet Yadnya Kasada deren höchstes religiöses Fest. Alljährlich erklimmen die Gläubigen am 21. Juli den Kraterrand des Gunung Bromo, Indonesiens aktivsten Vulkan, um Opfergaben als Erntedank in dessen Schlund zu werfen. In den Steilwänden des Kraters riskieren die Ärmsten der Armen ihr Leben, um einen Teil davon »abzufischen« (Foto unten links).

HUNGRIGE GESELLEN
In der Seehundaufzuchtstation für verwaiste »Heuler« in Norden-Norddeich (Niedersachsen) können am 21. Juli zwei Jungtiere ihre Fütterung kaum noch erwarten (Foto unten rechts).

MÄRCHENHAFTER PRUNK
Nach zweijährigen aufwendigen Restaurierungsarbeiten steht seit dem 27. Juli der Pfauenthron des bayerischen Königs Ludwig II. wieder an seinem angestammten Platz im maurischen Kiosk bei Schloss Linderhof nahe Ettal (Foto oben).

DER LAUF SEINES LEBENS
Bei der 103. Austragung der Tour de France vom 2. bis 24. Juli über eine Streckenlänge von 3 535 Kilometern kommt es auf der 12. Etappe Montpellier – Mont Ventoux am 14. Juli kurz vor der Zielankunft zu einem grotesken Zwischenfall. Frenetische Zuschauermassen versperren den Pedaleuren den Weg, ein Durchkommen ist nahezu unmöglich. Ein Trio mit dem Spitzenreiter im Gelben Trikot, Chris Froome, kollidiert mit einem Begleitmotorrad. Seine Rennmaschine wird Schrott, der Sky-Mannschaftswagen mit einem Ersatzrad liegt jedoch etwa fünf Minuten zurück, und der Brite macht sich notgedrungen heroisch per pedes auf zum Gipfel, um seines Gesamtsieges, den er letztlich auch schafft, nicht verlustig zu gehen (Foto rechts).

SIE KÖNNTE ALS FRAU DIE ERSTE PRÄSIDENTIN DER USA WERDEN: HILLARY CLINTON, DIE AUF DEM PARTEIKONVENT DER DEMOKRATEN IN PHILADELPHIA AM 27. JULI AUF DAS KANDIDATEN-WAHLSCHILD FÜR DEN 8. NOVEMBER GEHOBEN WIRD

1.7. Der österreichische Verfassungsgerichtshof erklärt die Stichwahl vom 22. Mai zum Amt des Präsidenten wegen formaler Fehler für ungültig. Am 2. Oktober soll das Duell zwischen dem von den Grünen unterstützten Alexander Van der Bellen gegen den rechten FPÖ-Kandidaten Norbert Hofer wiederholt werden.

3.7. Bei einem Autobomben-Attentat der Terrororganisation Islamischer Staat (IS) mit einem Kühllaster auf ein Einkaufsviertel der irakischen Hauptstadt Bagdad werden an die 300 Menschen getötet und rund 300 weitere verletzt.

5.7. Im Stuttgarter Landtag kommt es zu einem rechten Paukenschlag. Im parteiinternen Antisemitismus-Abgrenzungsstreit um Wolfgang Gedeon verlassen 13 Abgeordnete die AfD-Fraktion, darunter auch der Bundessprecher Jörg Meuthen. Tags darauf wird von ihm mit der »Alternative für Baden-Württemberg« eine neue, weitere Fraktion ins Leben gerufen.

7.7. Zu einer Demonstration gegen rassistische Polizeigewalt finden sich, nachdem in den beiden Tagen zuvor in Louisiana und Minnesota jeweils ein Afroamerikaner bei Polizeieinsätzen erschossen worden war, in Dallas Hunderte von Menschen auf der Straße ein. Ein Heckenschütze eröffnet gezielt das Feuer auf die den Protestmarsch begleitenden weißen Ordnungshüter, tötet fünf und verletzt sieben weitere Beamte sowie zwei Zivilisten. Nach diversen Schusswechseln und vergeblichen Verhandlungen mit dem Täter, einem farbigen US-Afghanistan-Veteran (25), der sich in einem Parkhaus verschanzt hat, beendet die Polizei das Nervendrama, indem sie erstmals in ihrer Geschichte einen mit Sprengstoff versehenen Roboter einsetzt, um den Killer zu eliminieren.

9.7. In Berlin-Friedrichshain demonstrieren linke und linksextreme Gruppierungen gegen die am 22. Juni durch die Polizei erfolgte Teilräumung eines alternativen Wohnprojekts in einem besetzten Haus in der Rigaer Straße. Dabei kommt es zu schweren Konfrontationen zwischen gewalttätigen Autonomen und den 1800 eingesetzten Beamten; 123 Polizisten erleiden Verletzungen, 86 Randalierer werden verhaftet. Am 13. Juli befindet das Berliner Landgericht, dass die Teilräumung nicht rechtmäßig vonstatten gegangen sei.

12.7. Der I. Kartellsenat des Oberlandesgerichts Düsseldorf setzt die Ministererlaubnis vom 17. März für die Übernahme von Kaiser`s Tengelmann durch den Branchenriesen Edeka außer Kraft, mit der Begründung, Wirtschaftsminister Sigmar Gabriel (SPD) habe sich während des Verfahrens zur Sondergenehmigung befangen verhalten.

13.7. David Cameron reicht in London vorzeitig seinen Rücktritt als britischer Premier ein, Königin Elizabeth II. ernennt umgehend die konservative Parteipolitikerin Theresa May (59) als Mehrheitsführerin im Unterhaus zu dessen Nachfolgerin.

14.7. Etwa 30 000 Menschen haben sich am Abend des französischen Nationalfeiertags auf der Strandpromenade von Nizza eingefunden, um beim traditionellen Feuerwerk dabei zu sein. Nach dessen Ende startet um 22:45 Uhr ein 31-jähriger Mann, der aus Tunesien stammt, mit einem angemieteten Lastwagen eine zwei Kilometer lange Amokfahrt durch die Menge, 84 Personen kommen dabei ums Leben, 300 werden verletzt, bevor es der Polizei gelingt, den Attentäter zu erschießen. Die islamistische Terrorvereinigung IS reklamiert nachträglich für sich die Urheberschaft an der Tat.

AUCH UM EIN ZEICHEN GEGEN DEN TERRORPERVERTIERTEN ISLAMISTISCHEN WAHN ZU SETZEN, GEDENKT DIESER MUSLIM AM 29. JULI BETEND VOR DER KIRCHE IM FRANZÖSISCHEN SAINT-ÉTIENNE-DU-ROUVRAY DES KATHOLISCHEN PRIESTERS, DER AM 26. JULI ATTENTATSOPFER RELIGIÖSER IS-FANATIKER WURDE

Das Aha-Zitat des Monats

»MEINE FINGER SIND LANG UND SCHÖN, WIE, WIE GUT DOKUMENTIERT WURDE, AUCH ANDERE TEILE MEINES KÖRPERS.«

Selbsteinschätzung des megalomanen, stinkreichen amerikanischen Rechtspopulisten Donald Trump, den die Republikaner am 19. Juli auf ihrem Parteikonvent in Cleveland, Ohio, zum Präsidentschaftskandidaten nominieren.

15./16.7. In der Nacht zum Samstag unternehmen Teile des türkischen Militärs einen Putschversuch gegen Präsident Erdoğan und dessen AKP-Regierung von Binali Yildirim. Mit Militärfahrzeugen blockieren in Istanbul Soldaten die zwei wichtigsten Bosporusbrücken, Panzer rollen zu strategisch wichtigen Punkten, es kommt zu Gefechten; auch über der Hauptstadt Ankara sind Kampfjets und Hubschrauber im Einsatz, bombardieren das Parlament. 00:15 Uhr: Im öffentlich-rechtlichen Fernsehsender TRT erklären die Putschisten, die Kontrolle über die Türkei übernommen zu haben. 00:37 Uhr: Präsident Erdoğan ruft per Facetime über CNN Türk die Bevölkerung zum Widerstand auf. 00:21 Uhr: Über die Gebetsaufruflautsprecher der Moscheen wird an die Menschen appelliert, sich auf den Straßen den Putschisten entgegenzustellen, die dem massenhaft entsprechen. 04:07 Uhr: Erdoğan trifft auf dem Atatürk-Flughafen in Istanbul ein, von dort versammelten Putschgegnern bejubelt – der Umsturzversuch ist damit quasi im Keime erstickt. Als erste traurige Bilanz verbleiben mehr als 300 Tote und über 2100 Verletzte.

18.7. Ein 17-jähriger, 2015 als Flüchtling nach Deutschland eingereister Afghane, attackiert im Regionalzug Treuchtlingen–Würzburg mit einem Beil und einem Messer fünf Passagiere und verletzt sie. Außerhalb des Zuges greift er auch noch in Heidingsfeld eine Passantin an, bevor er dort auf die Beamten eines SEKs losgeht, die ihn erschießen. Ein nachträglich veröffentlichtes Bekennervideo offenbart die Affinität des Täters zum Terror-Gedankengut des IS.

22.7. Ein 18-jähriger deutsch-iranischer Schüler, gedanklicher Sympathisant für den rechtsextremistischen norwegischen Massenmörder Anders Breivik, richtet in München-Moosach ein Blutbad an. Im Olympia-Einkaufszentrum erschießt er, wahllos um sich feuernd, neun Menschen und verletzt 16 weitere Personen, bevor er sich selbst tötet.

24.7. In Ermangelung einer Eintrittskarte zum Musikfestival »Ansbach Open 2016« sprengt sich ein 27-jähriger syrischer Flüchtling, der sich in einem Video zum Islamischen Staat bekennt, im Zugangsbereich in die Luft und fügt dabei 15 Menschen nicht unerhebliche Verletzungen zu. Der terroristische islamistische Selbstmordwahnsinn hat Deutschland erreicht.

26.7. Als erste Frau in der amerikanischen Geschichte wird Hillary Clinton auf dem Konvent der Demokraten in Philadelphia als Kandidatin für das 45. Präsidentenamt der Vereinigten Staaten nominiert. – Zwei Islamisten überfallen im nordfranzösischen Saint-Étienne-du-Rouvray die katholische Kirche, töten den Priester, nehmen Gottesdienstteilnehmer als Geiseln, bevor die Attentäter selbst von Polizeikräften erschossen werden. Der IS brüstet sich mit der Untat.

31.7. Im Beisein von Bundespräsident Gauck und Bundeskanzlerin Merkel gedenkt München mit einem ökumenischen Gottesdienst in der Frauenkirche und einem bewegenden Trauerakt im Plenarsaal des Bayerischen Landtags der Opfer des Amoklaufs im Olympia-Einkaufszentrum.

AUCH NACH DEM EINZUG VON GROSSBRITANNIENS NEUER PREMIERMINISTERIN THERESA MAY AM 13. JULI IN DEN LONDONER AMTSSITZ 10 DOWNING STREET WIRD ER WEITERHIN DER WAHRE HAUSHERR BLEIBEN: KATER LARRY, SEIT 2011, MIT OFFIZIELLEM TITEL, »CHIEF MOUSER TO THE CABINET OFFICE«

WIE AUS EINER FERNEN ZEIT
Mit Lanzen bewehrte Reiter treiben am 30. August im spanischen Castilla y León eine Herde junger Stiere Richtung Cuéllar, wo traditionell seit 1499 alljährlich Ende des Monats eine Stierhatz durch die Gassen des Ortes als Volksfest stattfindet.

AUGUST

AUGUST 2016

»DEMOKRATIE UND MÄRTYRER«
Unter diesem pathetischen Motto folgen am 7. August in Istanbul auf dem Yenikapi-Platz Hunderttausende dem Aufruf der türkischen Regierungspartei AKP von Präsident Erdoğan zu einer Protestdemonstration gegen den Mitte Juli unternommenen Putschversuch von Teilen des Militärs (Foto oben).

KONZEPT ZUR TERRORABWEHR
Als Reaktion auf die Anschläge von Würzburg und Ansbach stellt Bundesinnenminister Thomas de Maizière am 11. August in Berlin ein neues Sicherheitspaket vor, das unter anderem eine Verschärfung des Ausländerrechts sowie eine Aufstockung im »mittleren vierstelligen Bereich« bei den Sicherheitskräften vorsieht (Foto rechts).

BEFREMDLICH
Am Tag der offenen Tür bei der israelischen Polizei in Jerusalem am 29. August dürfen Kinder mit den Waffen spielen (Foto links).

EINS VON UNZÄHLIGEN KINDERKRIEGSSCHICKSALEN
Völlig verloren sitzt dieser fünfjährige Junge wie versteinert im syrischen Aleppo in einem Krankenwagen, nachdem er verwundet von Rettungskräften aus den Trümmern eines zerstörten Wohnhauses nach einem Luftangriff am 18. August geborgen werden konnte (Foto unten).

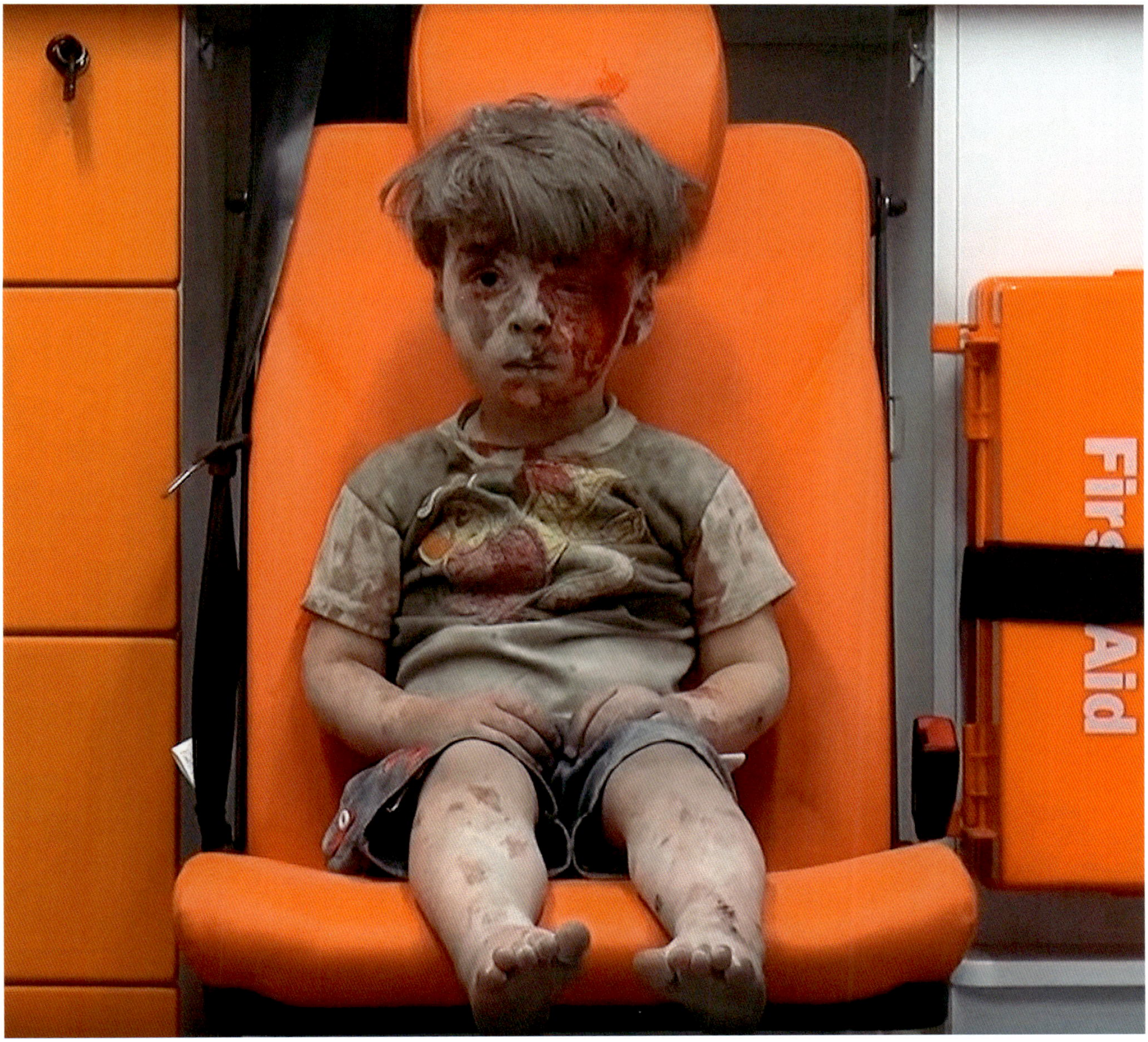

AUGUST 2016

ERDBEBEN IN ITALIEN

In der Nacht des 24. August erschüttern heftige Erdstöße der Stärke 6,2 Zentralitalien und richten besonders in der Provinz Rieti in Bergdörfern wie Pescara del Tronto verheerende Schäden an (Foto linke Seite oben). In einstürzenden Gebäuden kommen 291 Menschen um, allein 224 davon im Örtchen Amatrice, wo technisch mangelhaft ausgerüstete Rettungskräfte verzweifelt in den Trümmern nach Verschütteten suchen (Foto linke Seite unten).

STILLGESTANDEN!

Sir Nils Olav, vom norwegischen König Harald V. 2008 zum Ritter geschlagen, ist der dritte Königspinguin aus dem schottischen Zoo in Edinburgh, der traditionell als Maskottchen fungiert, wenn die norwegisch-königliche Leibgarde zum Militärmusikfestival »Royal Edinburgh Military Tattoo« anreist. Nach abwatscheln der Ehrenformation ist nun am 22. August seine feierliche Beförderung zum Brigadegeneral erfolgt (Foto rechts).

FOLKLORE

Mit zum bayerischen Brauchtum zählt das am 6. August in Wallgau ausgetragene Ochsenrennen, bei dem die Jockeys nicht unbedingt immer eine glückliche Figur abgeben (Foto unten).

NICHTS FÜR SCHWACHE NERVEN
1400 abgrundtiefe Höhenmeter nach unten blicken können Besucher auf dem am 1. August freigegebenen gläsernen Skywalk am Tian-Berg in der chinesischen Provinz Zhangjiajie.

WAS HAB ICH`S DOCH GUT
Geradezu genüsslich wälzt sich dieser Haflinger am 20. August auf dem Wank im bayerischen Garmisch-Partenkirchen vor der prächtigen Kulisse der Zugspitze auf dem Rücken (Foto links).

GIGANT AM HIMMEL
Von Zuschauern bejubelt, startet am 17. August mit dem Airlander 10 das mit einer Länge von 92 Metern größte Hybrid-Luftschiff der Welt vom Cardington Airfield im britischen Bedfordshire (Foto unten). Nach seinem zweiten Testflug am 24. August fabriziert es allerdings beim Landeversuch einem Crash, der aber für die Piloten glimpflich abläuft (drei kleine Fotos unten).

SIE WERDEN WIEDER ZIEMLICHE BESTE FREUNDE – AUS KNALLHARTEN WIRTSCHAFTSINTERESSEN HERAUS. MIT SEINEM BESUCH IN ST. PETERSBURG AM 9. AUGUST BEI RUSSLANDS MACHTHABER PUTIN BEENDET TÜRKEIHERRSCHER ERDOĞAN DIE SEIT NOVEMBER WEGEN DES ABSCHUSSES EINES RUSSISCHEN KAMPFJETS IM NOVEMBER 2015 IM SYRISCHEN GRENZGEBIET AUSGEBROCHENE DIPLOMATISCHE EISZEIT ZWISCHEN BEIDEN LÄNDERN

1.8. Die türkische Regierung drängt auf Visumsfreiheit für ihre Staatsbürger bei Reisen in die EU und droht, ansonsten den Flüchtlingspakt aufzukündigen. Bundeswirtschaftsminister Gabriel erklärt, man lasse sich nicht erpressen.

2.8. In Libyen fliegen die USA auf Wunsch der Einheitsregierung erstmals Luftangriffe auf die IS-Hochburg Sirte.

4.8. Nach dem gescheiterten Putschversuch des Militärs vom 15./16. Juli begann der türkische Präsident Erdoğan sofort mit einer politischen »Säuberungswelle« bei den Streitkräften, der Justiz, der Polizei sowie im Bildungswesen, wobei er über 60 000 Menschen ihrer Posten enthob. Nun kündigt er vor den Handwerkskammern in Ankara an, auch »gnadenlos« gegen Unternehmen vorgehen zu wollen, die seinem Erzfeind im amerikanischen Exil, dem Prediger Fethullah Gülen, nahestünden – Österreichs Kanzler Christian Kern fordert in Wien, die EU-Beitrittsverhandlungen mit der Türkei abzubrechen.

5.8. Im brasilianischen Rio de Janeiro werden die 31. Olympischen Sommerspiele durch den amtierenden Übergangspräsidenten Michel Temer offiziell eröffnet. Fahnenträger der deutschen Mannschaft ist Tischtennisprofi Timo Boll.

7.8. Dem Aufruf des türkischen Präsidenten Erdoğan zu einer Protestkundgebung gegen die Putschisten folgen in Istanbul auf dem Yenikapi-Platz Hunderttausende nicht nur seiner Anhänger – für ihn eine kraftvolle Demonstration seiner Macht.

9.8. Wohl als »Ich-kann-auch-mit Russland-Signal« gegenüber dem Westen trifft sich der türkische Präsident Erdoğan in St. Petersburg mit Władimir Putin; es geht dabei um die Wiederanbahnung politisch-wirtschaftlicher Allianzen.

12.8. Nach den Bombenanschlägen vom Vortag in Hua Hin erfolgt in vier weiteren Urlaubsorten Thailands eine weitere achtfache Serie, die vier Tote und mehr als 30 Verletzte fordert, darunter auch drei Deutsche. Offizielle Angaben zu den Hintergründen bleiben aus.

15.8. Die Syrische Beobachtungsstelle für Menschenrechte informiert über ein IS-Selbstmordattentat in Atmeh auf einen Bus, das 32 Menschen das Leben kostet und 50 Verletzte fordert.

17.8. Um Platz für verdächtige Putschisten in den überfüllten Gefängnissen zu schaffen, kündigt die Türkei die vorzeitige Freilassung von 38 000 kriminellen Häftlingen an.

18.8. Der Historiker Ernst Nolte verstirbt 93-jährig in Berlin. Im Sommer 1986 löste er mit dem von der FAZ abgedruckten Beitrag »Vergangenheit, die nicht

FASSUNGSLOSIGKEIT UND GRENZENLOSER SCHMERZ BEI DEN ANGEHÖRIGEN DER OPFER DES ANSCHLAGS AUF EINE HOCHZEITSGESELLSCHAFT IM TÜRKISCHEN GAZIANTEP AM 20. AUGUST

WALTER SCHEEL, VON 1974 BIS 1979 SANGESFROHER BUNDESPRÄSIDENT DER REPUBLIK (»HOCH AUF DEM GELBEN WAGEN« / GOLDENE SCHALLPLATTE) VERSTIRBT AM 24. AUGUST IM ALTER VON 97 JAHREN. (DAS FOTO ZEIGT IHN BEIM AUFTRITT IN DER ARD-GALA »KRONE DER VOLKSMUSIK« 2006 MIT MODERATOR GUNTHER EMMERLICH)

Das Aha-Zitat des Monats

»EINE PARTIE MEMORY ZWISCHEN FRANZ BECKENBAUER UND WOLFGANG NIERSBACH WÄRE EIN DESASTER.«

Günter Klein, »Münchner Merkur«, über mysteriöse Geldbewegungen im Zusammenhang mit der Vergabe des Sommermärchens der Fußball-WM an Deutschland. (Aus der Auswahlliste der Deutschen Akademie für Fußballkultur zum Fußballspruch des Jahres.)

vergehen will« in der Bundesrepublik eine zeitgeschichtliche Diskussion über die Singularität des Holocaust aus, den sogenannten Historikerstreit.

20.8. Bei einem Selbstmordanschlag in der südostanatolischen Kurdenstadt Gaziantep auf eine im Freien feiernde Hochzeitsgesellschaft werden 54 Menschen getötet und Dutzende verletzt.

21.8. In Rio de Janeiro enden die Olympischen Sommerspiele. Mit 121 Medaillen sind die USA die erfolgreichste Nation, Deutschland belegt im Ranking des Medaillenspiegels mit 42 gewonnenen Edelmetall-Plaketten den fünften Platz.

24.8. Ein nächtliches Erdbeben der Stärke 6,2 erschüttert die mittelitalienischen Regionen Latium, Umbrien und Marken; 297 Menschen verlieren ihr Leben, 2900 ihre Häuser und Wohnungen. Besonders schwer getroffen werden kleine Bergdörfer wie Amatrice, Accumoli oder die Gemeinde Arquata del Tronto, die nahezu völlig zerstört werden. Zusagen von Seiten der Politik für unbürokratische Wiederaufbauhilfen erfolgen prompt, wobei allerdings Ministerpräsident Matteo Renzi – offenbar eingedenk der Erdbeben-Katastrophe von L'Aquila 2009 in den Abruzzen und dem, was darauf bis heute folgte – von der nationalen Antikorruptionsagentur Anac fordert, sämtliche Zahlungen und Baumaßnahmen zu kontrollieren. – Der FDP-Politiker Walter Scheel, Bundesminister in den Kabinetten von Konrad Adenauer, Ludwig Erhard und Willy Brandt, vierter Bundespräsident von 1974 bis 1979, stirbt 97-jährig in einem Pflegeheim in Bad Krozingen bei Freiburg.

ISTANBULS MEGA-PROJEKT, EINE DRITTE BRÜCKE ÜBER DEN BOSPORUS, AUFGEHÄNGT AN DEN MIT 320 METERN HÖCHSTEN PYLONEN DER WELT, WIRD AM 26. AUGUST VON PRÄSIDENT ERDOĞAN OFFIZIELL FEIERLICH EINGEWEIHT; ROTE UND WEISSE LUFTBALLONS, WELCHE DIE FARBEN DER TÜRKISCHEN NATIONALFAHNE SYMBOLISIEREN, STEIGEN IN DEN HIMMEL AUF

26.8. Getauft auf den Namen des osmanischen Sultans Selim I., der »Gestrenge« genannt, gibt der türkische Präsident Erdoğan in Istanbul die dritte, mit einer Länge von 1408 Metern Europa mit Asien verbindende 3,5 Milliarden teure Bosporus-Brücke für den Verkehr frei.

28.8. »Da bewegt sich nichts«, sagt SPD-Chef Sigmar Gabriel über die Verhandlungen zum TTIP-Freihandelsabkommen zwischen der EU und den USA und erklärt diese für »de facto gescheitert«.

30.8. Die dänische EU-Wettbewerbskommissarin Margrethe Vestager fordert die irische Regierung dazu auf, 13 Milliarden Euro wegen zu Unrecht bewilligter Steuervergünstigungen vom amerikanischen Elektronikriesen Apple zurückzufordern.

DREIERGIPFEL: SINNIGERWEISE TREFFEN SICH AM 22. AUGUST ITALIENS PREMIER RENZI (MITTE LINKS), BUNDESKANZLERIN MERKEL UND FRANKREICHS PRÄSIDENT HOLLANDE VOR DER INSEL VENTOTENE AUF DEM ITALIENISCHEN FLUGZEUGTRÄGER »GIUSEPPE GARIBALDI«, UM ÜBER DIE LAGE DER EU NACH DER BREXIT-ENTSCHEIDUNG DER EINSTIGEN SEE-WELTMACHT ENGLAND ZU BERATEN

Vom 5. bis 21. August brennt in Rio de Janeiro die olympische Flamme, bevor sie auf der Abschlussfeier im Maracanã-Stadion wieder gelöscht wird (1). Zu den 17 Wettkampftagen treten Athleten aus 206 Nationen in 39 Sportarten zu 306 Entscheidungen an. Ganzzeitig überschattet bleibt dieses größte Sportereignis der Welt von schwelenden Fragen zu Doping und Funktionärskorruption innerhalb des IOC. Auch hält sich das Interesse der Brasilianer, deren Land in einer schweren politischen und wirtschaftlichen Krise steckt, an der komplett durchkommerzialisierten Mega-Veranstaltung in Grenzen – oft herrscht gähnende Leere auf den Zuschauerrängen.

Und die deutsche Bilanz bei den XXXI. Olympischen Spielen? Vordergründig durchaus vorzeigbar: Von 449 nach Brasilien entsandten Sportlern dürfen 42 mit einer Medaille um den Hals die Rückreise in die Heimat antreten, 17x Gold, 10x Silber, 15x Bronze bedeuten im Nationenranking Platz fünf. Doch Hand aufs Herz: Wüssten Sie spontan aus dem Stegreif heraus unseren 2016 erfolgreichsten Olympioniken zu benennen? Er heißt Sebastian Brendel, ist Doppel-Olympiasieger im Canadier-Einer und –Zweier mit Jan Vandrey (2) und ein Vertreter jener Randsportarten, welche den deutschen Gold-Medaillenspiegel aufhübschen. Neben Marcus Groß und Max Rendschmidt (Kajak-Zweier), sind dies auch die Besatzungen des Kajak-Vierers bei den Männern und die Crews der Ruderer im Doppelvierer der Männer und Frauen sehr erfolgreich. Dazu gesellen sich die Sportschützen Barbara Engleder (Dreistellungskampf) (3), Henri Junghänel (Kleinkaliber liegend) und Christian Reitz (Schnellfeuerpistole). In der olympischen Kernsportart Leichtathletik enttäuschen die mit goldigen Erwartungen angereiste Powerfrau Christina Schwanitz (4) und der im Kugelstoßen amtierende Weltmeister David Storl (5). Positiv überraschen dafür die Werfer, mit dem Diskus Christoph Harting (6), mit dem Speer Thomas Röhler (7).
Fragen zur Trainingssteuerung

wirft das klägliche Abschneiden der Schwimmer mit deren erneuter Nullnummer nach London 2012 auf und zur deutschen Sportförderung bei den Fechtern, die seit 1980 noch nie schlechter abschnitten.
Bei den Mannschaftssportarten sah es hingegen deutlich erfreulicher aus. Die Fußballerinnen von Bundestrainerin Silvia Neid holten Gold und feierten entsprechend (8), Silber gab es für die Männerelf von Horst Hrubesch, 2x Bronze im Hockey der Damen und Herren und 1x auch für die Handballer.

9

Die Fankultur des Sports bedarf ihre ganz speziellen »Helden«. In Brasilien ist einer davon zweifelsohne der Kunstturner Fabian Hambüchen, der seine beispiellose Karriere am 16. August nach einer grandiosen Flug-Show am Reck mit Gold krönt (9). Und das sensationell aufspielende Beachvolleyball-Duo Laura Ludwig (10 links) und Kira Walkenhorst. Nicht zu vergessen die Bahnradfahrerin Kristina Vogel, der im Sprintfinale der Sattel wegbricht (11) und die dennoch das Unmögliche schafft, den Sieg, den sie selbst kaum fassen kann (12).

10

11

12

OLYMPISCHE MOMENTE

(13) Mit einem sensationellen Hechtsprung schnappt Shaunae Miller von den Bahamas im Finale über 400 Meter der Amerikanerin Allyson Felix deren fünfte Goldmedaille auf dieser Strecke weg.

(14) Der litauische Gewichtheber Aurimas Didžbalis (Bronze / Klasse bis 94 kg) bei seinem gelungenen Versuch.

(15) Goldglänzende Schuhe an goldenen Füßen: Usain Bolt, Mega-Sprintstar aus Jamaika, gewinnt in Rio zum dritten Mal hintereinander bei Olympischen Sommerspielen drei Goldmedaillen (100m, 200 m und die Staffel 4 x 100m), was vor ihm noch keinem Athleten gelungen ist.

(16) Königsdisziplin Zehnkampf: Der Kanadier Damian Warner (Bronze) in höchster Konzentration beim Speerwurf.

(17) Verpflegungsstation beim Freiwasser-Marathon der Schwimmerinnen über zehn Kilometer.

(18) Nach dem Sieg über Neuseeland, der Bronze bedeutet, läuft dieses kleine Mädchen jubelnd auf die deutschen Hockeyspielerinnen Franzisca Hauke (links) und Anne Schröder zu.

(19) Nicht gerade zartbesaitet springen die Frauenhandballerinnen bei der Begegnung zwischen Argentinien und den Niederlanden am 8. August miteinander um.

13

14

15

16

17

18

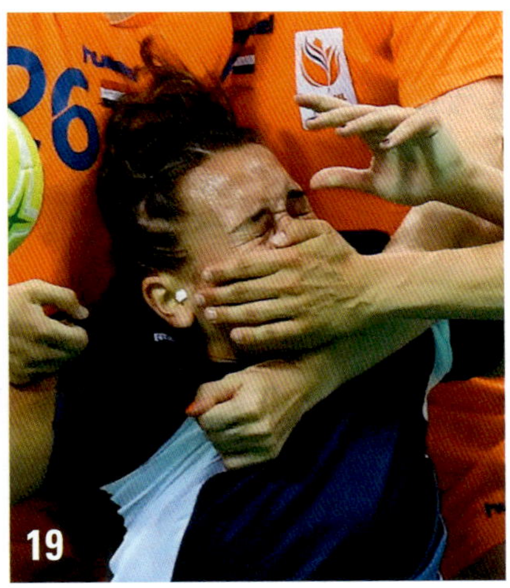
19

LONDON IN FLAMMEN

Im Jahre 1666 zerstört in den ersten Septembertagen eine Feuersbrunst nahezu 80 Prozent der historischen »City of London«. In Erinnerung an den großen Brand von vor 350 Jahren wird eine 120 Meter lange Holzrekonstruktion der damaligen Silhouette, installiert von dem US-Künstler David Best mit Unterstützung jugendlicher Arbeitsloser auf einem verankerten Floß in der Themse, am 4. September spektakulär abgefackelt.

SEPTEMBER

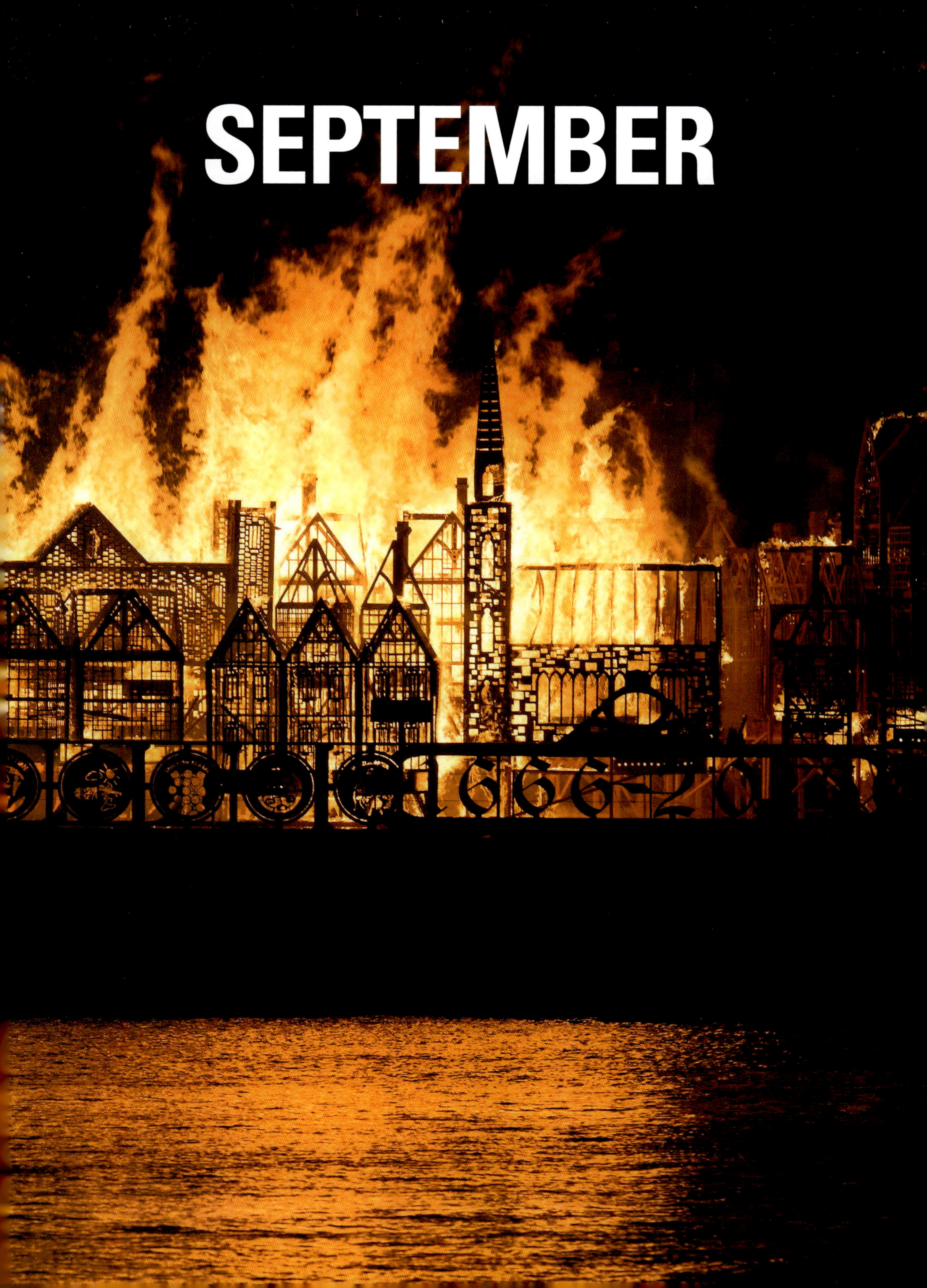

SEPTEMBER 2016

DIE ZWEIGETEILTE KANZLERIN
Am 4./5. September findet im ostchinesischen Hangzhou der elfte G-20-Gipfel statt. Als Angela Merkel gemeinsam mit Russlands Präsident Putin einen Besprechungssaal betritt, verharrt die deutsche Regierungschefin für einen Moment, um sich per Smartphone über die Landtagswahlergebnisse vom Sonntag in Mecklenburg-Vorpommern zu informieren. Das für sie erschütternde Ergebnis: Hinter SPD (30,6 Prozent der Stimmen) und AfD (20,8 Prozent) ist die CDU mit 19 Prozent nur noch drittstärkste Kraft im Schweriner Parlament.

REGIERUNGSOPTION ROT-ROT-GRÜN
Nachdem sich der Berliner SPD-Landesvorstand am 29. September einstimmig für Koalitionsgespräche mit den Linken sowie Bündnis 90/Die Grünen ausgesprochen hat, tritt der amtierende Regierende Bürgermeister Michael Müller (SPD) zufrieden schmunzelnd vor die Presse (Foto rechts).

DURCHGEDREHTES
Die Alternative für Deutschland (AfD), deren Vertreter politisch Fremdenfeindlichkeit, rechtes Gedankengut und Antisemitismus bisweilen dreist miteinander verwursten, feiert am 18. September auf ihrer Wahlparty in Berlin – eher ungewollt symbolträchtig – mit Mett aus dem Fleischwolf das Resultat der Wahl zum Abgeordnetenhaus. SPD: schwache 21,6 Prozent, CDU: bittere 17,6 Prozent, Linke: 15,6, Grüne: 15,2; 14,2 Prozent für die erstmals angetretene AfD, 6,7 für die FDP (Foto unten).

SEPTEMBER 2016

PLASTIKMÜLL-MAHNMAL
Als solches fungiert dieser nachempfundene Papageienfisch vor dem Washington State Department, in dem US-Außenminister John Kerry am 15./16. September Gastgeber der Our-Ocean-Konferenz 2016 ist, bei der es um Meeresschutzgebiete, nachhaltige Fischerei und Verschmutzung der Ozeane geht (Foto links).

HEILIGSPRECHUNG VON MUTTER TERESA
Die albanische Ordensfrau, die sich im indischen Kalkutta (heute Kolkata) der Ärmsten der Armen annahm und dafür 1979 den Friedensnobelpreis bekam, wurde 2003, nur sechs Jahre nach ihrem Tod im Alter von 87 Jahren, von Papst Johannes Paul II. seliggesprochen. Vor Hunderttausenden von Menschen kommt es in Rom auf dem Petersplatz am 4. September zur Heiligsprechung durch Papst Franziskus (Foto unten).

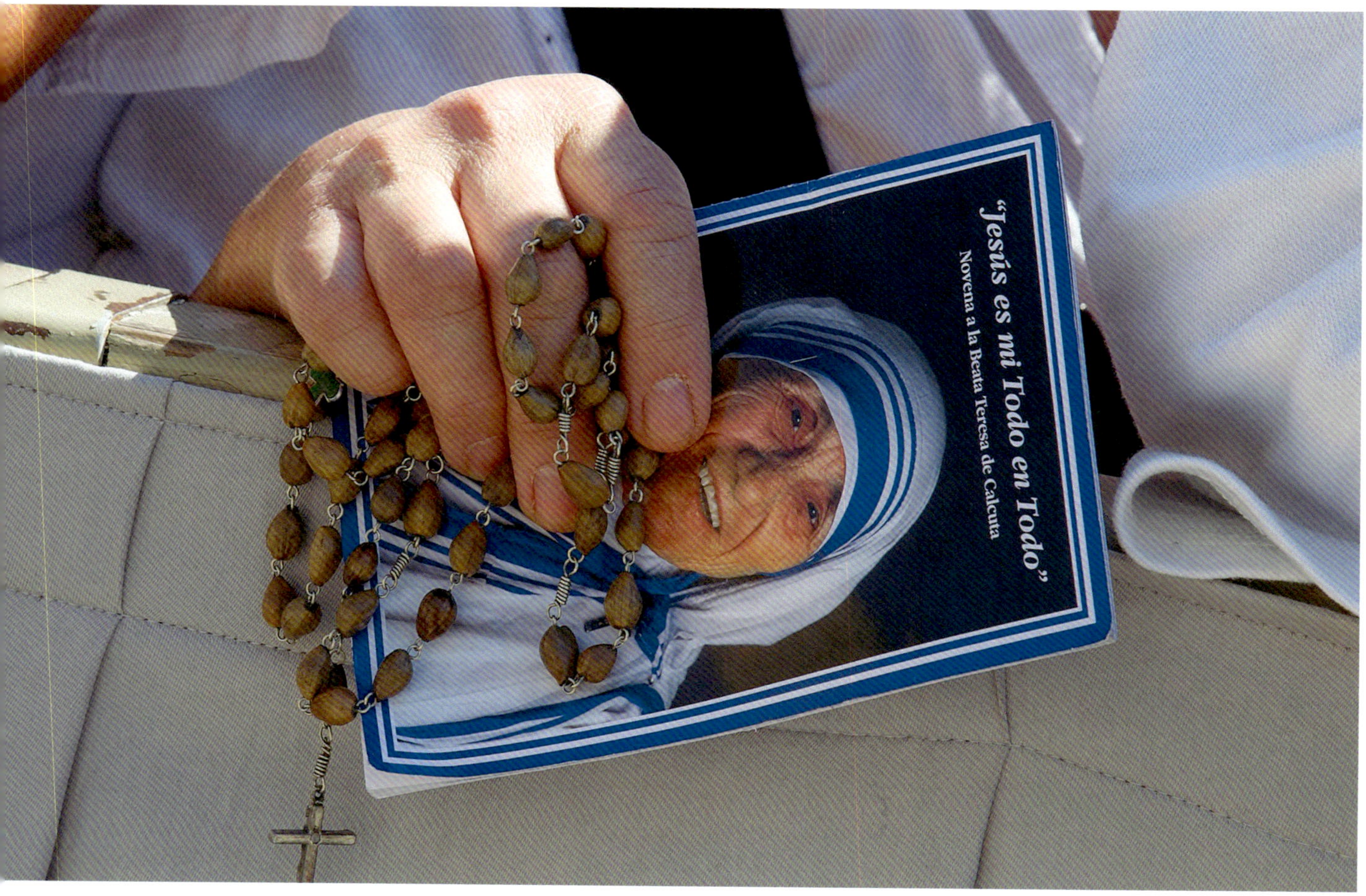

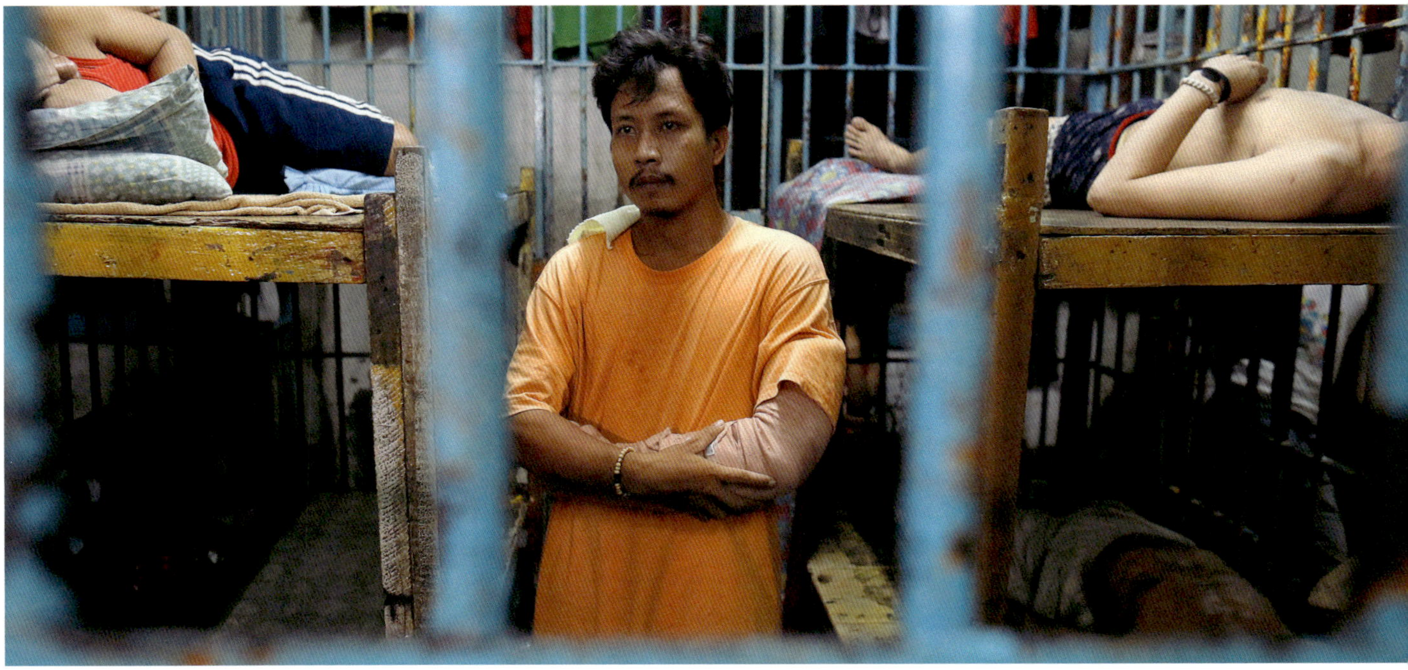

DROGENKRIEG

Seit Ende Juni ist, politisch irrlichternd, Rodrigo Roa Duterte, der sowohl den Papst wie auch den amerikanischen Präsidenten schon mal gern als Hurensöhne tituliert, Präsident der Philippinen. Als Erstes hat er in Manila zu einem »War on Drugs«, der Ermordung von Drogensüchtigen, Dealern und Kriminellen aufgerufen. Tausende wurden seitdem von Polizisten und Todesschwadronen getötet, die Arrestzellen im Polizeihauptquartier in Manila quellen über von »Glücklichen«, die wenigstens noch leben (Foto oben vom 23. September).

BEHUTSAME DEMOKRATISCHE SCHRITTE

Obwohl es im Königreich Jordanien an Werbung nicht mangelte (Foto rechts aus der Hauptstadt Amman), liegt die Beteiligung an der Parlamentswahl zum Unterhaus am 20. September unter 40 Prozent; 27 der 130 Abgeordnetensitze werden per Quote verteilt (15 an Frauen, neun an Christen, drei für sonstige Minderheiten). Die Benennung der 65 Mitglieder des Oberhauses nimmt am 29. September König Abdullah II. persönlich vor.

SEPTEMBER 2016

STRAHLEMANN

Im Rahmen der White House Tribal Nations Conference am 26. September, dem seit 1944 bestehenden Interessenforum der Indianer in den USA sowie der Ureinwohner Alaskas, das für ein besseres Verständnis der indigenen Kulturen eintritt, wird Präsident Obama – zu dessen sichtlicher Freude – ein traditionelles Outfit verpasst (Foto links).

SCHLAMMSCHLACHT

Am 26. September bestreiten die US-amerikanischen Präsidentschaftskandidaten Hillary Clinton (Demokraten) und Donald Trump (Republikaner) ihr erstes von drei Fernsehduellen. Außer einer Wiederholung seiner faktisch längst dekuvrierten Falschbehauptungen hat Trump, ohnehin schlecht vorbereitet, nichts zu bieten; Clinton hingegen verströmt staatsfrauliche Qualitäten (Foto unten).

AUS EINER MYSTISCHEN KULTUR
Diese Jademaske aus der Zeit zwischen 250 – 800 n. Chr. ist Bestandteil der bis 23. April 2017 dauernden Sonderausstellung »Maya – Das Rätsel der Königsstädte« im Historischen Museum der Pfalz in Speyer (Foto links).

»NARCISSISM: DAZZLE ROOM«
Nicht auf den ersten Blick zu entdecken, verbirgt sich in dieser Installation des japanischen Künstlers Shigeki Matsuyama, passend zum Titel des Werkes, eine Frau mit Selfie-Stick in den Formen eines Plastikgebildes. Zu sehen am 14. September auf der Ausstellung »rooms 33« fashion and design trade show in Tokio (Foto unten).

AM 1. SEPTEMBER WIRD DAS ERGEBNIS DES ZWEIJÄHRIGEN GREAT ELEPHANT CENSUS IN AFRIKA VERÖFFENTLICHT. DIE FEDERFÜHREND BETEILIGTEN US-WISSENSCHAFTLER ERMITTELTEN BEI DIESER ZÄHLUNG DER STEPPENELEFANTEN NUR NOCH EINEN BESTAND VON RUND 352 000 TIEREN IN UND AUSSERHALB DER RESERVATE, VORHERIGE SCHÄTZUNGEN WAREN VON GRÖSSENORDNUNGEN ZWISCHEN 400 000 UND 600 000 ELEFANTEN AUSGEGANGEN. HAUPTGRUND FÜR DEN DRAMATISCHEN RÜCKGANG DER POPULATION: ELFENBEINWILDEREI

1.9. Unter dem Motto »Planet am Scheideweg« beginnt auf Hawaii die bis 10. September dauernde Weltnaturschutzkonferenz mit 8300 Delegierten von Umweltorganisationen aus über 190 Ländern.

4.9. Der elfte G-20-Gipfel findet erstmals überhaupt in China statt. Bei dem zweitägigen Treffen der Regierungschefs der 20 wichtigsten Industrie- und Schwellenländer in Hangzhou ist die Erörterung von Maßnahmen gegen die globale wirtschaftliche Wachstumsschwäche eines der zentralen Themen. – Mit 20,8 Prozent der Stimmen wird bei der Landtagswahl in Mecklenburg-Vorpommern die rechtspopulistische AfD hinter der SPD (30,6) aber noch vor der CDU (19,0) zweitstärkste politische Kraft im Schweriner Abgeordnetenhaus; Platz vier belegt die Linke mit 13,2 Prozent; den Grünen und der FDP bleibt der Einzug ins Parlament verwehrt. Noch von China aus übernimmt Bundeskanzlerin Merkel die Verantwortung für das Abschneiden der CDU.

IN DEN BERGEN DER SÜDCHINESISCHEN PROVINZ GUIZHOU NIMMT DAS MIT EINEM SCHÜSSELDURCHMESSER VON EINEM HALBEN KILOMETER GRÖSSTE RADIOTELESKOP DER WELT AM 25. SEPTEMBER SEINEN TESTBETRIEB AUF

5.9. In Afghanistan sterben bei drei Angriffen islamistischer Taliban in Kabul mindestens 26 Menschen. Meldungen aus dem syrischen Tartus sprechen von einem Doppelanschlag seitens der IS-Terroristen mit 35 Toten und über 40 Verletzten.

6.9. Wie Krankenhausärzte aus der umkämpften Stadt Aleppo berichten, ist es bei einem Luftangriff der syrischen Streitkräfte mit Chlorgas-Bomben zu mindestens 100 Verletzten gekommen.

7.9. In Rio de Janeiro werden die zwölftägigen 15. Sommer-Paralympics der Behindertensportler eröffnet.

9.9. Nordkorea meldet die erfolgreiche Erprobung eines neuentwickelten Atomsprengkopfes, eine Nachricht, die global Entrüstung auslöst. Selbst das chinesische Außenministerium gibt deutlich zu verstehen, dass es den Kernwaffentest als Verstoß gegen Resolutionen des UN-Sicherheitsrats missbillige.

12.9. Die Wiederholung der gerichtlich annullierten Stichwahl zum österreichischen Bundespräsidenten am 2. Oktober muss wegen unzureichender Haftwirkung bei den Klebestreifen der Briefwahlumschläge auf den 4. Dezember verschoben werden.

14.9. Am Abend legen sich im sächsischen Bautzen auf dem Kornmarkt etwa 20 minderjährige Flüchtlinge mit einer Gruppe von 80 Rechtsextremen an, es kommt zu gewalttätigen Auseinandersetzungen. Ein Großaufgebot der Polizei tut sich lange schwer, die beiden Lager zu trennen und die Asylbewerber zurück zu ihrem Wohnheim zu geleiten. – Für die Rekordsumme von 66 Milliarden Dollar übernimmt der deutsche Chemiekonzern Bayer den US-Agrarriesen Monsanto (Saatgut und Dünger).

16.9. Heftige Gefechte zwischen Regierungstruppen und Rebellen machen in Syrien der erst vier Tage zuvor vereinbarten Waffenruhe bereits wieder ein Ende.

DIE DEUTSCHE TENNISSPIELERIN ANGELIQUE KERBER GEWINNT AM 10. SEPTEMBER IN NEW YORK DIE US OPEN UND WIRD DANACH ALS NEUE NR. 1 DER WELTRANGLISTE GEFÜHRT

Das Aha-Zitat des Monats

»DEUTSCHLAND IST EIN GROSSARTIGES LAND, WEIL WIR IN DEUTSCHLAND NICHT NUR EINE ANGELA MERKEL HABEN, SONDERN ZEHNTAUSENDE, HUNDERTTAUSENDE ANGELA MERKELS. IN JEDEM DORF, IN JEDER STADT.«

Peter Altmaier, CDU-Flüchtlingskoordinator der Bundesregierung, am 5. September im niederbayerischen Abensberg

18.9. Bei der Abgeordnetenhauswahl in Berlin verliert die bisherige Regierungskoalition aus SPD und CDU die absolute Mehrheit; trotz erheblicher Stimmenverluste bleibt die SPD des Regierenden Bürgermeisters Michael Müller mit 21,6 Prozent stärkste politische Kraft, die CDU stürzt auf 17,6 Prozent ab, die Linke landet bei 15,6, die Grünen bei 15,2 Prozent, die FDP schafft den Wiedereinzug ins Parlament (6,7), die rechte AfD kann 14,2 Prozent für sich verbuchen. – Putins Partei Einiges Russland, angeführt von Ministerpräsident Medwedew, gewinnt die Parlamentswahl haushoch und verfügt künftig in der Duma sogar über eine Zweidrittelmehrheit.

19.9. Veranlasst durch das erneut desaströse Wahlergebnis der CDU räumt Bundeskanzlerin Merkel in Berlin erstmals Fehler bei der Flüchtlingspolitik ein: »Wir haben weiß Gott nicht alles richtig gemacht«.– In Syrien wird ein Konvoi des Roten Halbmonds mit Hilfsgütern für die eingeschlossene Bevölkerung in der umkämpften Stadt Aleppo Ziel eines Luftanschlags, 20 Menschen sterben dabei, 18 von 31 Trucks werden zerstört. Gewesen sein will es hinterher keine der im syrischen Luftraum mit Kampfjets operierenden Mächte, weder die USA, Syrien, geschweige denn Russland.

21.9. Auf dem UN-Flüchtlingsgipfel in New York lobt US-Präsident Barack Obama die deutsche Regierungschefin ausdrücklich für deren Engagement im Umgang mit der syrischen Flüchtlingskrise: »Ich möchte Kanzlerin Merkel persönlich danken.«

23.9. Die Anführer der Revolutionären Streitkräfte Kolumbiens (Farc) billigen in San Vincente del Caguán einen unter kubanischer Vermittlung in vierjährigem Ringen ausgehandelten Friedensschluss mit der Regierung. Einer Unterzeichnung der Vereinbarung zur Beilegung des seit 52 Jahren währenden Guerillakrieges durch Kommandeur Rodrigo Londoño (genannt Timochenko) und Staatspräsident Juan Manuel Santos am 26. September in Cartagena steht damit nichts mehr im Wege. Dem Friedensabkommen zustimmen muss allerdings auch noch die kolumbianische Bevölkerung in einem landesweiten Referendum am 2. Oktober.

26.9. In den USA treten die beiden Präsidentschaftskandidaten für die Wahl am 8. November zum ersten von drei TV-Duellen gegeneinander an. Hillary Clinton wirkt vor der Rekordquote 80,9 Millionen Zuschauern an amerikanischen Bildschirmen souverän, Donald Trump schlecht vorbereitet. – Eine Woche vor Beginn der Feierlichkeiten zum Tag der Deutschen Einheit in Dresden explodieren vor einer Moschee und dem Internationalen Congress Center Sprengsätze. Verletzte gibt es glücklicherweise keine.

28.9. In Tel Aviv stirbt im Alter von 93 Jahren der frühere israelische Staatspräsident Schimon Peres, dem zusammen mit Ministerpräsident Jitzckak Rabin und Palästinenserführer Jassir Arafat 1994 der Friedensnobelpreis für die Bemühungen zur Lösung des Nahostkonflikts zuerkannt wurde.

30.9 Im chinesischen Pingtang wird nach fünfjähriger Bauzeit mit dem größten Radioteleskop auf Erden FAST (Five-hundred-meter Aperture Spherical Radio Telescope) ein Projekt der Superlative zur Erforschung des Weltraums offiziell eingeweiht.

NACH JAHRZEHNTELANGEM GUERILLAKRIEG IN KOLUMBIEN ZWISCHEN FARC-REBELLEN UND DER STAATSMACHT UNTERZEICHNEN AM 26. SEPTEMBER IN CARTAGENA STAATSPRÄSIDENT JUAN MANUEL SANTOS (LINKS) UND KOMMANDEUR RODRIGO LONDOÑO EINEN HISTORISCHEN FRIEDENSVERTRAG

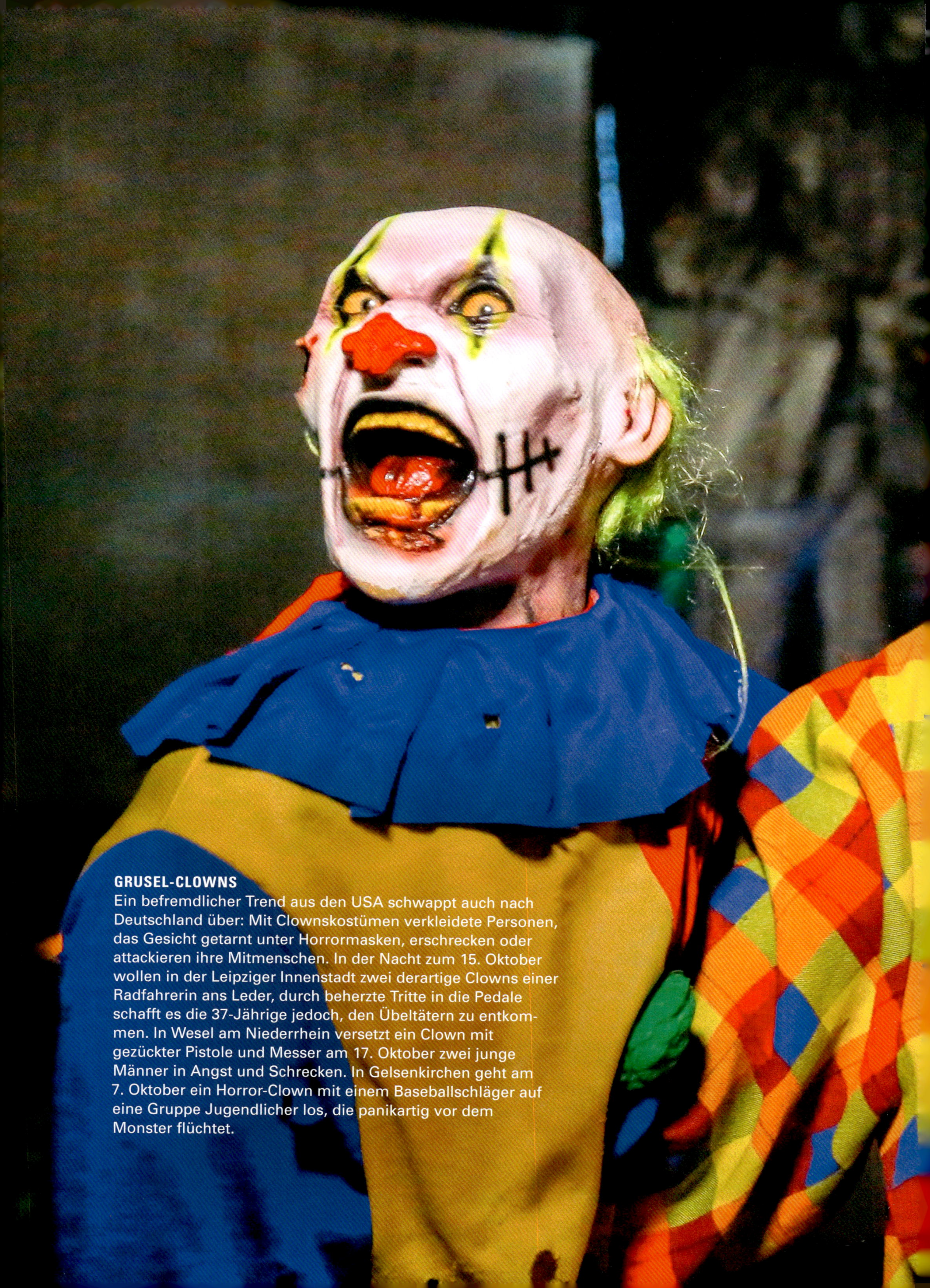

GRUSEL-CLOWNS
Ein befremdlicher Trend aus den USA schwappt auch nach Deutschland über: Mit Clownskostümen verkleidete Personen, das Gesicht getarnt unter Horrormasken, erschrecken oder attackieren ihre Mitmenschen. In der Nacht zum 15. Oktober wollen in der Leipziger Innenstadt zwei derartige Clowns einer Radfahrerin ans Leder, durch beherzte Tritte in die Pedale schafft es die 37-Jährige jedoch, den Übeltätern zu entkommen. In Wesel am Niederrhein versetzt ein Clown mit gezückter Pistole und Messer am 17. Oktober zwei junge Männer in Angst und Schrecken. In Gelsenkirchen geht am 7. Oktober ein Horror-Clown mit einem Baseballschläger auf eine Gruppe Jugendlicher los, die panikartig vor dem Monster flüchtet.

OKTOBER

OKTOBER 2016

KLARTEXT DES MONATS

Den spricht Bundestagspräsident Norbert Lammert (CDU) am 3. Oktober während des Festaktes zum Tag der Deutschen Einheit in der Semperoper Dresden. Gemünzt auf die Proteste fremdenfeindlicher Pegida-Politpöbel-Demonstranten und brauner Rechtssektierer sagt er: »Diejenigen, die heute besonders laut pfeifen und schreien und ihre erstaunliche Empörung kostenlos zu Markte tragen, die haben offenkundig nicht das geringste Erinnerungsvermögen daran, in welcher Verfassung sich diese Stadt und dieses Land befunden haben, bevor die deutsche Einheit möglich wurde.«

HORROR-HURRIKAN

Das karibische Armutsland Haiti, das noch immer an den Folgen des verheerenden Erdbebens von 2010 leidet, wird am 4. Oktober von einer neuerlichen Naturkatastrophe heimgesucht. Mit Windgeschwindigkeiten von bis zu 230 Stundenkilometern rast der Hurrikan »Matthew« über den Inselstaat hinweg, zerstört mit seiner Kraft unzählige Häuser, vernichtet durch Überschwemmungen die Ernten auf den Feldern; über 1000 Menschen kommen in dem Inferno um. Dresdener 1,4 Millionen der Einwohner sind anschließend auf humanitäre Hilfe angewiesen, die WHO befürchtet wegen des Mangels an sauberem Trinkwasser den Ausbruch einer Cholera-Epidemie (Foto links vom 6. Oktober aus der Stadt Jérémie).

KRIEGSWAHNSINN PUR

Seit 2015 fliegt im jemenitischen Bürgerkrieg eine von Saudi-Arabien geleitete arabische Militärkoalition Luftangriffe gegen die vom Iran unterstützten Huthi-Rebellen. Am 8. Oktober wird eine Trauerfeier in der Hauptstadt Sanaa zum Ziel eines derartigen Luftschlags, der 140 Tote sowie über 600 Verletzte fordert und weltweites Entsetzen hervorruft. Die Militärs in Riad räumen Tage später ein, bei der Wahl des Angriffsobjektes einer Fehlinformation aufgesessen zu sein (Foto links oben).

STURM AUF MOSSUL

Flankiert von neun Generälen. verkündet der irakische Ministerpräsident Haider al-Abadi am 17. Oktober den Beginn einer Großoffensive zur Rückeroberung von Mossul, der letzten verbliebenen wichtigen Bastion der Dschihadisten des IS im Irak. Die etwa 30 000 Mann umfassende Militärallianz, die sich aus Kräften der irakischen Armee und Polizei, kurdischen Peschmerga-Kämpfern (Foto links Mitte) sowie lokalen sunnitischen Milizen zusammensetzt, vereint der IS als gemeinsames Feindbild. Das Flüchtlingshilfswerk der Vereinten Nationen befürchtet, dass der Sturm auf Mossul eine neue gigantische Flüchtlingswelle von bis zu 700 000 Menschen auslösen dürfte.

GELD REGIERT DIE WELT

Während am 10. Oktober die europäischen Finanzminister in Luxemburg um einen Modus für die Auszahlung der zweiten Tranche 2016 (2,8 Milliarden Euro) im Rahmen des dritten Rettungspakets für das überschuldete Griechenland ringen, findet gleichzeitig im Parlament in Athen eine Debatte über die Korruption im Lande statt, bei der auf der Regierungsbank nicht nur Ministerpräsident Alexis Tsipras (rechts) eine gewisse Fassungslosigkeit demonstriert (Foto links unten).

»DSCHUNGEL«-KRIEG
An den Vorabenden der von der französischen Regierung für den 24. Oktober angekündigten Räumung des seit 2002 bestehenden wilden Flüchtlings-Elendscamps in Calais mit etwa 6 500 Bewohnern vor dem Eurotunnel nach England – berühmt-berüchtigt als »Dschungel« – kommt es zu heftigen Auseinandersetzungen zwischen protestierenden Migranten und der Polizei (Foto vom 22. Oktober).

UNENDLICHE TRAUER
Nach sieben Jahrzehnten auf dem Königsthron von Thailand stirbt am 13. Oktober 88-jährig der von sämtlichen Teilen des 68-Millionen-Volkes grenzenlos verehrte Monarch Bhumibol Adulyadej. Seine Nachfolge anzutreten bleibt dem Kronprinzen bis zum Ablauf der einjährigen Staatstrauer versagt (Foto rechts Mitte).

SCHAULAUFEN
Mali, Niger, Äthiopien: Bundeskanzlerin Angela Merkel besucht in zweieinhalb Tagen vom 9. bis 11. Oktober drei afrikanische Krisenstaaten, Schlüsselländer der Migration (Foto rechts vom 10. Oktober bei ihrer Begrüßung in Nigers Hauptstadt Niamey durch Präsident Mahamadou Issoufou). Im politischen Handgepäck das Angebot einer Migrationspartnerschaft, ein vages Konzept nach dem Motto: Wir geben euch ein paar Millionen, damit eure Landsleute zu Hause bleiben und nicht nach Europa wollen. Ein Lösungsvorschlag, der so nicht funktionieren kann, weswegen Politbeobachter titelten: »Außer Spesen nichts gewesen.«

»DIE SPINNEN, DIE BRITEN!« (OBELIX)
Eine skurrile Tradition an der schottischen St.-Andrews-Universität bildet der sogenannte Rosinen-Montag. Die Studenten veranstalten dabei eine gigantische Schaumschlacht, mit der die Erstsemester von den älteren Kommilitonen quasi »adoptiert« werden (Foto rechts vom 17. Oktober).

ZWEIERLEI KUNSTWELTEN
Vor dem überdimensionalen Ankündigungsplakat zur Caravaggio-Ausstellung in der National Gallery in London setzt sich am 12. Oktober ein Straßenkünstler als schwebender Jedi-Großmeister Yoda gekonnt in Szene (Foto unten).

1.10. Syrische und russische Kampfflugzeuge bombardieren ein Lazarett im östlichen Rebellenbezirk der Assad-Gegner in Aleppo.

2.10. Bei einer Volksabstimmung in Kolumbien über das Friedensabkommen zur Beendigung des seit 1964 währenden Bürgerkriegs zwischen Regierung und den Revolutionären Streitkräften Kolumbiens (Farc) spricht sich eine knappe Mehrheit der Bevölkerung (50,23 Prozent) dagegen aus. – In Ungarn scheitert Präsident Viktor Orbán mit einem Referendum zur (Nicht-)Aufnahme von Asylsuchenden gemäß der EU-Flüchtlingsquoten, da die Wahlbeteiligung mit 39,9 Prozent unter dem erforderlichen Quorum von mindestens 50,0 Prozent bleibt.

3.10. Die offiziellen Staatsfeierlichkeiten in Dresden zum Tag der Deutschen Einheit werden überschattet von üblen Anpöbeleien der politischen Spitzen unseres Staatswesens durch Pegida-Anhänger. – In Ankara verlängert Staatspräsident Erdoğan den seit dem Putschversuch im Juli 2016 geltenden Ausnahmezustand im Land, der seine Machtbefugnisse fast unbegrenzt erweitert, bis zum 15. Januar 2017.

5.10. Der UN-Sicherheitsrat nominiert in New York einstimmig den früheren portugiesischen Premierminister António Guterres als neuen Generalsekretär. Am 13. Oktober wählt ihn die UN-Vollversammlung per Akklamation zum Nachfolger von Ban Ki Moon (ab 1. Januar 2017).

7.10. Im norwegischen Oslo wird der diesjährige Friedensnobelpreis dem kolumbianischen Präsidenten Juan Manuel Santos zuerkannt.

8.10. Bei einem Luftangriff der von Saudi-Arabien angeführten Militärallianz im Jemen auf eine Trauerveranstaltung in der Hauptstadt Sanaa kommen 140 Menschen ums Leben, über 600 werden verletzt.

9.10. Geheimdienstinformationen zufolge, ist ein unmittelbar bevorstehender terroristischer Selbstmordanschlag des 22-jährigen Syrers Dschaber al-Bakr auf einen Berliner Flughafen geplant. Dem Verdächtigen gelingt es jedoch in Chemnitz, dem Zugriff eines Großaufgebots an Polizei zu entkommen. In seiner Wohnung stellen die Beamten hochexplosiven Sprengstoff sicher. Gefasst wird der Flüchtende tags darauf nicht etwa von der Polizei, sondern von drei seiner Landsleute in Leipzig, bei denen er Unterschlupf suchte; sie übergeben den Gesuchten gefesselt den Behörden. Am 12. Oktober erhängt sich al-Bakr in einer Zelle der JVA-Leipzig. Ein öffentlicher Sturm der Empörung über das offenkundige Versagen von Polizei und Justiz in Sachsen bricht los.

13.10. Nach 70-jähriger Regentschaft als Thailands König verstirbt in Bangkok Bhumibol Adulyadej im Alter von 88 Jahren. Die regierende Militärjunta ordnet eine zwölfmonatige Staatstrauer an.

14.10. Als denkbar beste Wahlkampfhelferin Hillary Clintons rechnet Amerikas First Lady Michelle Obama in einer beeindruckend emotionalen Rede in New Hampshire knallhart mit dem republikanischen Präsidentschaftskandidaten Trump und dessen frauenfeindlichen wie sexistischen Äußerungen ab: »Genug ist genug!«

17.10. Bei Wartungsarbeiten an Rohrleitungen auf dem Werksgelände der BASF in Ludwigshafen kommt es zu einer gewaltigen Explosion, die einen Großbrand auslöst. Drei Personen, darunter zwei Feuerwehrleute, werden getötet, 30 Menschen tragen Verletzungen davon. Am 29. Okto-

DARIO FO, CLOWN, SCHAUSPIELER, THEATERREGISSEUR UND ZEITLEBENS ALS DRAMATIKER EIN WICHTIGES POLITISCHES ÄRGERNIS DES KONSERVATIVEN ITALIENS, 1997 MIT DEM LITERATURNOBELPREIS AUSGEZEICHNET, STIRBT AM 13. OKTOBER IM ALTER VON 90 JAHREN IN MAILAND

EBENFALLS AM 13. OKTOBER SPRICHT DAS STOCKHOLMER NOBELPREISKOMITEE DEM SINGENDEN US-SONGWRITER BOB DYLAN DEN LITERATURNOBELPREIS 2016 ZU

Das Aha-Zitat des Monats

»WIR WÜNSCHEN EINEN ERFOLGREICHEN TAG FÜR SIE!«

Polizei-Lautsprecherdurchsage in Dresden am Tag der deutschen Einheit an die Adresse fremdenfeindlicher Pegida-Demonstranten und deren Gesinnungsgenossen aus dem ultrarechten Spektrum, von der Meute begeistert quittiert: »Eins, zwei, drei, danke Polizei!«

ber wird bekannt, dass ein weiterer Feuerwehrmann seinen Verletzungen erlegen ist.

19.10. Zu einem Ost-Ukraine-Krisengipfel im »Normandie«-Format wie beim Vierer-Treffen 2014 setzen sich in Berlin die Staatschefs Putin, Hollande und Poroschenko mit Bundeskanzlerin Merkel zusammen, um die Möglichkeiten zu einer Deeskalation des Konflikts zu eruieren. Die Gegensätzlichkeit der jeweiligen Standpunkte verhindert jedoch den Ansatz eines Konsenses, was auch für das Thema Syrien (Stichwort: russische Bombardierung Aleppos) gilt, das mit auf der Agenda steht.

21.10. Prominent und populär in beiden deutschen Staaten, das war der in Berlin verstorbene 79-jährige Manfred Krug – als Sänger und Filmstar in der DDR (»Spur der Steine«, 1966), von 1977 an nach seiner nicht ganz freiwilligen Übersiedlung in die BRD als Darsteller eines schrulligen Berliner Rechtsanwalts in der Fernsehserie »Liebling Kreuzberg« (58 Folgen) und 41-mal als Kommissar Stoever im ARD-»Tatort«.

ER WAR MEHR ALS »RECHTSANWALT ROBERT LIEBLING«, ER WAR ALS SCHAUSPIELER EIN GESAMTDEUTSCHER STAR: MANFRED KRUG, DER NUN AM 21. OKTOBER 79-JÄHRIG IN BERLIN VERSTORBEN IST

DEN »FRIEDENSPREIS DES DEUTSCHEN BUCHHANDELS 2016« ERHÄLT DIE PUBLIZISTIN CAROLIN EMCKE. DAS FOTO ZEIGT SIE BEI IHRER VIELFACH VON ANERKENNENDEM BEIFALL FÜR IHRE THESEN ZUM FREMDENHASS UNTERBROCHENEN DANKESREDE IN DER FRANKFURTER PAULSKIRCHE AM 23. OKTOBER

23.10. Der türkische Justizminister nennt Zahlen in Zusammenhang mit dem Putschversuch im Juli: 50 000 Mitarbeiter im öffentlichen Dienst seien per Dekret entlassen worden, Ermittlungen gegen 82 000 Menschen liefen, 35 000 Verdächtige säßen in Untersuchungshaft. Human Rights Watch berichtet von behördlichen Folterungen bei Gefangenen, die aufgrund der von Erdoğan erlassenen Notstandsdekrete rechtlich zulässig seien.

25.10. Ein amerikanischer Bundesrichter billigt im VW-Diesel-Abgas-Betrugsskandal in San Francisco einen Vergleich, der den deutschen Autobauer aus Wolfsburg zu Schadenersatz in Höhe von 15 Milliarden Dollar gegenüber getäuschten Kunden in den USA verpflichtet.

26.10. Eine neuerliche Folge von heftigen Erdstößen hinterlässt in Mittelitalien schwere Schäden, Tausende werden obdachlos, doch gibt es diesmal im Gegensatz zum Beben im August glücklicherweise keine Toten.

29.10. Das zehnmonatige Ringen um eine Regierungsbildung in Spanien hat nach zwei Parlamentswahlen mit politischen Pattsituationen zwischen Konservativen und Sozialisten ein Ende gefunden. In Madrid wird der bislang nur geschäftsführende Ministerpräsident der bürgerlichen Volkspartei, Mariano Rajoy, erneut zum Regierungschef gewählt.

30.10. Das umstrittene Freihandelsabkommen CETA zwischen der EU und Kanada ist endgültig unter Dach und Fach. In Brüssel setzen der kanadische Ministerpräsident Justin Trudeau sowie EU-Kommissionspräsident Jean-Claude Juncker und Donald Tusk als Präsident des Europäischen Rates ihre Unterschriften unter das Vertragswerk.

PERSONENREGISTER

GLÜCKSGEFÜHLE PUR
Slowenischer Doppelsieg beim Weltcupfinale der Skispringer auf der Großflugschanze in Planica am 20. März. Überglücklich liegen sich der Gewinner des Tages Peter Prevc (mit Sprüngen von 238 und 241,5 Metern), zugleich auch Weltcup-Gesamtsieger, und sein zweitplatzierter Landsmann Robert Kranjec (234 und 233 Meter) in den Armen.

DIE XV. PARALYMPICS IN RIO